Ein Herz bricht so leise,

das hört man gar nicht

Michelle Boschet

Poesie

Herstellung und Verlag: Books on Demand,
Norderstedt
ISBN Paperback: 9783750496514
Umschlaggestaltung: Angelina Merkulova
Lektorat, Korrektorat: Bianca Weirauch

Für Britta, meine Schöpferin

2

Textthemen

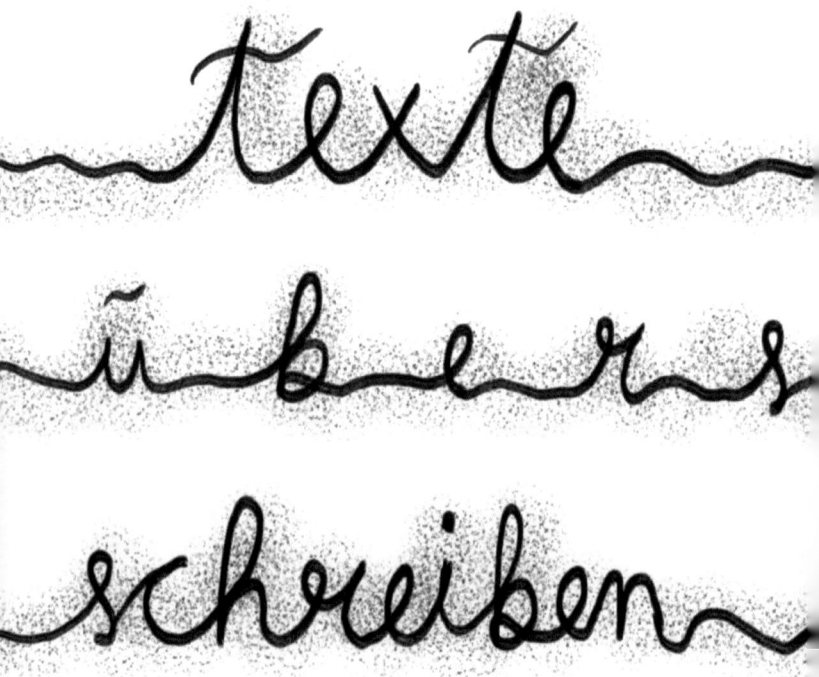

Kapitel 1

Dichterseele

Ich dichte mir die Seele
aus dem Leib
und bring sie zu Papier.
Dann ist sie auf der ganzen Welt,
aber Gott sei Dank nicht mehr bei mir.

Weltansicht

Ich glaube, als Dichter hat man eine
andere Weltansicht,
weil man mehr sieht
als die Welt an sich,
und versteht,
was die Welt so an sich hat,
wenn gerade niemand hinsieht.

So viel

Da ist so viel in meinem Kopf,
da ist so viel, was sich dreht.
Und dann schreib ich meine Texte
und versuch, mich zu verstehen.

Mehr

Wer zwischen den Zeilen lesen kann,
hört auch mehr,
als gesagt wird,
und sieht viel mehr,
als wirklich da ist.

Kapitel 2

- DU -

und ich in Trance

Allein

Ich bin allein.
Du bist allein.
Lass uns doch noch ein letztes Mal
Gift füreinander sein.

Das Ende

Geschichten, die weitergehen,
waren vielleicht noch nicht zu Ende.
Und wo du das Ende vom Buch siehst,
ist nur das Ende vom Kapitel.

Keinmal

Einmal ist keinmal,
aber zweimal einmal zu viel.
Und trotzdem bin ich immer die,
die aus ihren Fehlern nicht lernen will.
Also mach ich's noch mal,
hoff, es wird besser,
weil mir das erste Mal ja nicht gefiel.
Und dann vergess meine eigenen Werte
und erwarte bei jedem neuen Versuch
ernsthaft ein anderes Ende.

Weich

Deine Haut ist so weich
und mein Herz wird das auch,
wenn du mich berührst
oder einfach nur anschaust.

Vielleicht

Deine Lippen sehen aus
wie handgezeichnet.
Die perfekte Kontur,
passen perfekt in dein Gesicht
und sehen aus, als seien sie ganz
sinnlich.

Vielleicht schmeckst du süß?
Vielleicht sind sie ganz zärtlich?
Vielleicht wäre nach der ersten
Berührung
jedes Zurückziehen unerträglich.

Gedanken an morgen

Und noch während deine Hand
in meiner war,
die andere in deinem Rücken vergraben,
ich dich ansah und dich bat,
mich zu küssen,
fing ich schon an,
daran zu denken,
wie es sich wohl morgen anfühlt,
deine Nähe wieder zu vermissen.

Angst

Immer, wenn ich dich anfasse,
hab ich Angst,
dich wieder loszulassen.
Und jedes Mal,
wenn du mich küsst,
hab ich Angst,
dass ich das irgendwann vermissen
muss.

Ich habe Angst,
dich nie
wieder zu

SEHEN

wir uns
am Wochenende?

17

Wir sind magisch

Magie gibt es zwar nicht,
aber das mit uns ist irgendwie magisch.

Niemals sprachlos

Und wenn eine Sprache nicht mehr
reicht,
dann lern ich noch viel mehr,
damit ich immer ein Wort finde,
das sich auf dich reimt.

Kurzes Liebesgeständnis

Das, was ich fühle,
mag ich nicht mehr fühlen,
deswegen muss ich dir mal kurz
meine Liebe gestehen.

Ein Herz bricht so leise

Sag doch endlich:
„Ich glaub, ich verlieb mich."
Hab keine Angst,
dass die Antwort unerträglich ist.
Ein Herz bricht so leise,
das hört man gar nicht.

Ist einfach so

Wenn mich jemand fragen würde:
„Warum hast du dich verliebt?"
Dann wäre meine Antwort,
dass ich es nicht weiß
und dass es einfach so ist.

Gefühle

Manchmal mag ich nichts mehr fühlen.
Manchmal sind Gefühle schön.
Manchmal ist's kaum auszuhalten,
wie Gefühle mir die Luft abschnüren.

Mein Herz

Mein Herz ist so groß
und ich bin so klein.
Das, was da rein soll,
passt da nicht rein.
Ich schenk immer so viel Liebe
und bin trotzdem allein.

Mein Herz ist so groß,
manchmal krieg ich keine Luft,
weil die Liebe in mir
immer mehr wird,
aber niemand da ist,
der mir etwas davon abnimmt.

Denn da ist so viel Liebe in mir,
doch keiner will sie haben.
Und anstatt sie mir selbst zu geben,
werd ich sie weiter mit mir rumtragen,
in der Hoffnung,
du willst irgendwann mal
etwas davon abhaben.

MEIN HERZ

ICH

Was spricht eigentlich dagegen?

Was spricht eigentlich dagegen,
dass wir uns endlich ineinander
verlieben
und uns jeden Abend heiß und innig
lieben,
weil wir nie genug voneinander kriegen?
Dass wir am Wochenende zusammen
essen gehen
und nachts am Strand die
Sternschnuppen zählen?
Ich will neben dir schlafen,
wenn mich wieder Albträume quälen,
damit du mich zärtlich schützend in den
Arm nehmen kannst,
denn ich habe mit dir keine, aber vor uns
Angst.

Immer nur du

Ich weiß nicht, was wir sind
und ich kann es nicht beschreiben.
Doch immer, wenn wir Tschüs sagen,
will ich bei dir bleiben.

Auch egal, was ich versuche,
ich denke immer nur an dich.
Und will ich an nichts denken,
denk ich an nichts anderes.

Trick 17

Keine Ahnung, was das ist,
und ich will's auch gar nicht wissen.
Denn was ich nicht verstehe,
kann ich auch nicht vermissen.

Ignoriert

Manchmal schreit die Seele,
aber wir hören nicht hin.
Denn jeder ignoriert,
was er nicht hören will.

Deine Hand
muss mich

HALTEN

wir das
zusammen aus?

Gefilterter Blick

Ich schau durch einen Filter,
gelbe Blumen sind jetzt rosa
und rote Flaggen unsichtbar.
Tränen sehen aus wie Blut,
aber alles, was gefährlich ist,
tut mir jetzt gut.

Muster

Warum alte Muster ändern,
wenn ich sie auswendig kann?
Warum etwas Neues lernen,
wenn ich Angst davor hab?

Gegensätzlich

Stoß mich bitte nicht weg,
doch komm mir auch nicht zu nah.
Will nicht, dass du mich siehst,
doch warum bist du nicht da?

Bitte geh nie wieder weg,
doch endlich raus aus mein' Gedanken.
Du gibst mir unendlich viel Halt,
aber bringst mich ständig ins Wanken.

Ich will perfekt für dich sein,
nimmst du mich so, wie ich bin?
Versuch, mich für dich zu verbiegen,
doch krieg's einfach nicht hin.

Ich brauche viel Zeit für mich,
doch hab mit dir nie genug.
Du machst aus Einsamkeit 'ne Ewigkeit
und aus 4 Stunden 'nen Atemzug.

Fass mich bitte nicht an,
doch berühr mich ganz sinnlich.
Guck mir tief in die Augen
und sag mir, du brauchst mich.

Genauso, wie ich dich.

Immer komplizierter

Es ist schon bald der nächste Winter
und wir sind noch immer
keinen Schritt weiter.
Und ich hab das Gefühl,
egal, was wir machen,
wir machen's immer
nur noch komplizierter.

Risiko

Ich glaube nicht, was Leute sagen,
und will nichts akzeptieren.
Ich red mir lieber alles ein,
statt an der Wahrheit zu krepieren.
Und eigentlich will ich alles,
ohne etwas zu verlieren.
Will eigentlich nur warme Hände,
doch hab Angst, an ihnen zu erfrieren.
Und was passiert eigentlich,
wenn unsere Herzen rebellieren
und gegen unseren Willen sagen,
sie wollen was riskieren?
Die alten Fehler wegradieren
und uns zu neuen animieren?
Und was, wenn wir es nie kapieren,
wie Gefühle funktionieren?

Unser Liebeslied

Wenn ich dich anlächle,
sing ich dir ein schönes Lied,
und wenn du traurig bist,
hör ich dein Lied Trauer spielen.
Mal sehen, ob nach all den Strophen
und dem dramatischen Zwischenteil
der Refrain unserer Zweisamkeit
überhaupt den gleichen Text
und die gleiche Melodie teilt.

Keine Garantie

Wann lohnt es sich zu kämpfen?
Wann gibt man besser auf?
Und wer kann mir garantieren,
am Ende kommt was Schönes raus?

Aber wenn das Bild der Zukunft
uns zusammen zum Lächeln bringt,
was spricht dann dagegen,
dass man dafür kämpft?

Du kannst mich nicht lieben

Du nimmst meine Hand
und suchst dann wieder Abstand.
Du hältst mich fest, die ganze Nacht,
und sagst danach, dass du mich so
magst,
du mir aber nichts versprechen kannst.

Und ich wünsch mir so sehr,
dass ich besser als die anderen bin.
Ich will dir ewig meine Liebe schenken,
du sollst nie wieder wen Besseren
finden.
Bin wegen dir zu oft
zu lange wach gewesen
und hab die schönsten Gedichte
nur für dich geschrieben.

Aber vielleicht kannst du mich auch
einfach nicht lieben.

Schreie

Du sagst: „Komm her!",
und schickst mich dann wieder weg.
Du küsst mich stundenlang,
und willst mich dann nur noch umarm'.
Du suchst ständig meine Nähe
und brauchst immer noch mehr Abstand.
Und nach jeder Nacht mit dir
schreit mein Bauch mich noch mehr an.

Lüg mich an

Dein Blick zieht mich an,
ich kann nicht genug von dir kriegen,
und wenn Augen lügen können,
dann lüg mich bitte an.

Augenkontakt

Nichts ist so unschuldig
wie Augenkontakt.
Man gibt seine Gefühle und sein
Handeln
in einem Augenblick
an den Augenblick ab
und sagt danach:

Da war was, was ich in dir gesehen hab,
als du mir in die Augen gesehen hast.
Vielleicht war es aber auch nicht mehr
als Augenkontakt.

Also schau mir in die Augen
und frag mich, was ich gesehen hab.
Für mich war es mehr als nur
Augenkontakt.
Und sag, wenn ich es mir eingebildet
hab,
dann war es halt nicht mehr
als nur Augenkontakt.

In jedem Fall für immer

Und ich rede mir ein,
wenn ich mit dir rede:
„Vielleicht können wir ja für immer
sein."

Die Chance besteht ja immerhin,
dass wir entweder für immer wir
oder für immer getrennt sind.

Das hörst du gar nicht

Du redest und redest
und hörst mir gar nicht zu.
Wenn ich was erzähle,
bist du gedanklich anderswo.
Und du bist dir selbst zu laut
in deinem Kopf,
ist da überhaupt Platz für mich?
Aber mein Herz bricht ja so leise,
das hörst du gar nicht.

Fragen an dich

Was sind wir gerade
und was können wir werden?
Würdest du für mich leben?
Denn ich würde für dich sterben.

Kleinigkeiten

Hast du auch manchmal Sehnsucht
nach meinem Geruch
und meiner Haut?
Oder fallen dir diese Kleinigkeiten
überhaupt gar nicht auf?

Was siehst
du

IN MIR

bist nur
noch du.

Spielen

Die Liebe ist wie pokern.
Ich kann nicht pokern.

Das Leben spielt die Karten,
ich hab die Regeln nicht verstanden.

Aber naiv, wie ich bin,
spiel ich natürlich trotzdem.

Keine leichten Antworten

Es wäre alles so viel leichter,
würden wir einfach sagen, was wir
denken,
offen über unsere Gefühle sprechen
und nicht darüber nachdenken,
was wir zu verlieren hätten,
sondern alle unsere Lasten einfach
loswerden.
Aber wer die Antwort nicht hören will,
der bleibt halt lieber still.

Sonntag, 19.48 Uhr

Wenn ich die Zeit zurückdrehen könnte,
dann hätte ich mich getraut,
dir zu sagen, was ich denke.
Den Mut gehabt,
deine Lippen noch mal zu küssen,
und dich umarmt,
bis du verstanden hättest,
dass du nicht alleine bist.
Aber es geht nicht
und es bleibt Sonntag, 19.48 Uhr.

Bitter und süß

Meine salzige Träne
fällt auf deine saure Haut.
Zusammen sind wir bittersüß.

Schubladen

Jeder Kuss von dir verfolgt mich seit
Jahren
und ich hab das Bedürfnis,
jede Erinnerung mit dir
in abgeschlossenen Schubladen
aufzubewahren,
damit sie mir niemand mehr wegnehmen
kann.

Möglichkeiten

Was ist richtig?
Was ist falsch?
Warum gibt es immer mehr
als eine Möglichkeit?
Was, wenn ich mich falsch entscheid
und zu spät versteh,
dass ich so niemals glücklich bin?
Was, wenn ich zu früh geh
und nicht weiß,
was hätte werden könn'?

Einerseits

Manche Dinge tun uns eigentlich nicht
gut,
doch sie tun so gut.
Schmeißen unsere Herzen in die Glut,
damit das Feuer entfacht,
bleiben nächtelang wach,
weil wir einerseits bereuen,
aber andererseits nichts anderes wollen.

Immer wieder

Ich kann nichts kontrollieren,
weil Dinge einfach passieren,
die ich irgendwann bereue,
aber immer wieder tun würde.

Hätte

Ich lieg so oft in meinem Bett,
frag mich, ob du an mich denkst.
Mir vielleicht gleich schreibst:
„Hey, bitte komm vorbei.
Ich denke nur an dich!"
Aber was erwarte ich auch?
Natürlich kommt da nichts.
Hätte ja sein könn',
dass du mich auch mal vermisst.

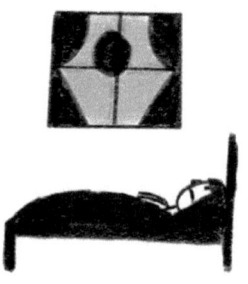

Zu schön

Die Decke ist warm,
aber mir ist kalt.
Ich lieg allein in meinem Bett,
will deine Aufmerksamkeit.
Muss es aushalten,
bis ich es verstehe,
bis es einfacher wird.
Leg Bedeutungen in Worte,
die gar nicht stimmen können,
aber es wäre doch zu schön …

Einsam

Ich hab dir nie gesagt,
wie einsam ich war,
als ich neben dir lag,
du dich umgedreht hast,
meine Hand nicht mal nahmst,
als wär es dir egal.

Hoffnung und Angst

Manchmal ist die Hoffnung das,
was dich treibt.
Und manchmal ist die Angst das,
was dich hält.

Aber

Ich bin so schwach,
aber ich muss stark sein.
Bin eigentlich so traurig,
hab aber keine Kraft zum Wein'.

Option

Was soll ich denn sagen?
Dass es okay ist,
ich kann das ertragen?
Beides wär gelogen,
aber beides ist trotzdem
die einzige Option.

Schönreden

Ich hab mich in deine Worte verliebt
und mir deine Taten schöngeredet.

Schwimmen gehen

Ich könnt mit meinen Tränen Ozeane
füllen
und würde dich dann fragen,
ob wir zusammen darin schwimmen
wollen.

Tun, als ob

Ich fleh dich an: Bitte geh nicht wieder!
Komm! Wir tanzen zu unseren
Lieblingsliedern.
Wir steigen einfach in den nächsten
Flieger
und tun so, als wären wir zwei für
immer.

One-Way-Ticket

Ich wünsch mir ein One-Way-Ticket,
ganz weit weg von hier,
meine Gedanken an dich,
die lass ich hier,
aber wenn du willst,
kannst du gerne mitkommen,
aber dann behalt ich dich für immer.

Jeden Tag

Mache jeden Tag
den Briefkasten auf:
Kein Liebesbrief von dir.
Schaue jeden Tag
auf's Handy:
Meine Benachrichtigungen bleiben leer.

Lieber traurig

Aus Angst, ihn zu verlieren,
ignoriert sie, was sie sagen will.
Und aus Angst, für sich einzustehen,
steht sie schweigend neben ihm.

Aus Liebe zu ihm
ignoriert sie die Liebe zu sich selbst.
Hauptsache, er erkennt,
sie ist alles, was er will.

Aber alle sagen ihr,
sie ist gar nicht glücklich.
Das, was sie verdient,
existiert überhaupt nicht,
und in was ist sie verliebt?
In sein Potenzial und ihre Wünsche,
aber bestimmt nicht in ihn.

Doch sie liebt ihn so sehr
und weint so oft wegen ihm,
weil er Gift für sie ist.
Aber sie ist lieber mit ihm traurig
als alleine glücklich.

Und die Tränen auf der Wange,
die kaum mehr Zeit zum Trocknen

haben,
haben schon Wege hinterlassen.
Man sieht im warmen Sommerlicht
leichte Furchen im Gesicht.
Aber sie ist lieber mit ihm traurig
als alleine glücklich.

Ein letztes Mal

Ich hätte vielleicht beim ersten Mal
schon gehen sollen,
so hast du mich verletzt.
Aber ich bin hier bei dir,
zum fünften letzten Mal.
Merkst du nicht?
Ich mein das ernst.

Keine Ahnung,
was das Schicksal mit uns plant.
Es wird sich schon was dabei gedacht
haben.
Deswegen liege ich jetzt schon wieder
in deinem Arm,
zum fünften letzten Mal.

Halten und Geben

Ich halte dich ganz fest,
aber halt das nicht mehr lange aus.
Meine Kraft gibt langsam nach,
aber dich geb ich nicht auf.

Ich geb immer so viel,
ich kann das nicht mehr lang.
Denn mit dir fühlt sich lieben
so anstrengend an.

Stehen wir
das zusammen

DURCH

dich ist alles
so kompliziert.

Gespeichert

Meine Haut erinnert sich
wahrscheinlich für immer an dich.
Und in fremden Menschenmengen
suche ich immer noch dein Gesicht.

Bettträumereien

Ich träum gerne von dir,
denn in meinen Träumen
bist du noch hier.
Liegst neben mir
in meinem Bett
und hältst mich fest,
bis du eingeschlafen bist.

Deine Probleme sind meine

Hab meine Sorgen wieder ignoriert,
weil du getrunken hast, wegen ihr.
Mache deine Probleme
zu meinen Problemen
und du hast dann nicht weniger,
sondern ich nur noch mehr.

Ich will ohne dich klarkommen,
aber es geht nicht.
Ich muss es nur wollen,
sagen die anderen,
aber ich will's nicht.
Weil du für mich das Gleiche bist
wie dein Alkohol für dich.
Irgendwie alles
und doch ungesund und giftig.

Vielleicht hab ich mich auch verliebt
in ein Bild von dir,
welches nicht existiert.

Mein Herz bricht leise

Du hast Bilder deiner Ex
im Wohnzimmer versteckt.
Ich hab's gesehen
und es hat mir das Herz zerfetzt.
Hast du nicht gehört,
wie laut es gebrochen ist?
Aber mein Herz bricht ja so leise,
das hörst du gar nicht.

Ich red mir ein

Du hast bestimmt nur vergessen,
ihre Bilder zu löschen,
und die Bilder in der Wohnung
auch nur vergessen.
Das Liken auf Facebook
ist auch nur Gewohnheit
und ich red mir ein,
du brauchst einfach noch mehr Zeit.

Denkst du
manchmal
an

SIE

kann dir
nicht geben,
was du brauchst.

Festhalten

Meine Hand
hält dich fest,
wenn du fällst.
Auch,
wenn wir nicht
für immer sind.

Ein letzter Versuch

Alle sagen mir ständig:
„Komm doch endlich von ihm los!"
Verstehen aber nicht,
das ist mein letzter Versuch.

Wenn ich jetzt sag, dass ich geh,
komm ich nie mehr zurück
und weiß nicht, was wär gewesen,
hätt ich es bloß mehr versucht.

Dann weiß ich ganz sicher:
Es hätte nie funktioniert.
Meine Liebe hätte deine Seele
niemals repariert.

Doch alle sagen mir ständig:
„Du bist zu ihm zu gut.
Egal, was er sagt,
du springst, wenn er ruft!"
Aber ich schwöre zu Gott:
Noch ein letzter Versuch.

Nie

Nie willst du mich sehen,
aber brauchst du mich,
dann bin ich da.
Nie erzählst du mir alles,
schreibst immer Guten Morgen,
aber nie Gute Nacht.
Nie vermisst du mich wirklich,
konntest immer gut schlafen,
lag ich wieder wach.

Hübsch

Habe mich dir gegeben,
in der Hoffnung, dass du mich auch
nimmst.
Ich war für dich zwar hübsch anzusehen,
aber behalten wolltest du mich nicht.

Sowieso kaputt

Ich hab dir dein Messer,
das in meinem Rücken war,
wieder in die Hand gedrückt.
Mach damit, was du willst.
Ich bin doch sowieso kaputt
wegen dir.

Schon vorbei

Warum ist da keine Musik,
da, wo du bist?
Und da, wo du sein solltest,
brennt immer noch Licht.
Doch du bist schon längst nicht mehr da.
Nein, du bist schon weg.
Sag mir, wo ich dich finde,
denn ich bin schon auf dem Weg.
Aber alles hier ist dunkel,
ich kann nicht sehen,
wo du abgebogen bist.
Kommst du zurück?
Bitte sag mir nicht,
dass alles schon vorbei ist,
bevor es anfing,
gut zu sein.

Eines Tages

Du warst alles für mich,
doch ich bedeute dir nichts.
Ich wollte wissen, wer du bist,
hab Angst, dass du mich vergisst,
während ich hier sitze und dich zu viel
vermiss.
Schreibe all diese Zeilen,
ohne dass du weißt,
dass ich dich damit mein'.

Hoffe still, dass du es liest
und ich dich eines Tages wiederseh.

.

Bitte geh

Bitte geh!
Aber bitte vergiss mich nicht.
Bitte geh!
Aber bitte vergiss mich hier nicht.
Bitte geh!
Aber nimm deinen Teil in mir mit.
Bitte geh!
Nimmst du meinen Teil in dir mit?

Nicht alles ist vergesslich

In einem Monat hab ich dann
deinen Geruch aus meiner Nase
und in einem Jahr erinner ich mich
auch nicht mehr an deine Augenfarbe.
Nächsten Sommer schmecken Kirschen
auch nicht mehr wie deine Lippen
und in 10 Jahren
kenn ich auch nicht mehr deinen Namen.

Aber wie vergess ich das,
was in meinem Herzen war?

Augenblicke

Kurze Augenblicke
bleiben zu lang in meinem Kopf
und deine zarten Lippen
spür ich heute noch.

Tränentanz

Meine Tränen fallen zu Boden,
wo sie tanzen,
zu all den Liedern,
die mich an dich erinnern.

Egal

Und wenn ich dir sag,
du bist mir egal,
dann sei dir sicher,
du bist von allem,
was mir egal ist,
das schönste Egal,
das es gibt.

Alles für dich

Ich würde alles dafür geben,
dich noch einmal zu lieben.
Alles Schreckliche aushalten,
um dich noch einmal im Arm zu halten.
Für immer die Sonne vermissen,
Hauptsache, deine zarten Lippen noch
mal küssen.
Ich würd einmal um die Welt fahren,
um dir wenigstens noch Tschüs zu
sagen.

Fast

„Fast" ist so ein krasses Wort,
das alles und nichts bedeutet,
weil es irgendwo dazwischen ist.

Fast hätte ich mich verliebt.
Fast hättest du mich auch vermisst.
Fast wären wir ein „wir" geworden.
Fast hättest du mir mein Herz gebrochen.

Noch nie verliebt

Ich hoffe, ich war noch nie verliebt,
denn dann kann ich sicher sein,
dass es für mich Schönes gibt,
was auch schön zu Ende geht,
weil sich Liebe anders anfühlt.

Keine Wahl

Ich hatte nie eine Wahl,
denn ich war nie eine Option.

Abhängig von dir

Es werden Jahre vergehen,
bis ich ohne dich kann.
Es ist wie 'ne Sucht,
es macht mich verrückt,
ich geh dran kaputt,
aber du gibst mir Halt
und gleichzeitig den Rest.

Kapitel 3

- DU -

und ich erwacht

Traummann

Bist du mein Traummann
oder nur im Traum
mein Mann?

Nicht kapiert

Meine ganze Kraft
und unendlich viel Liebe
hab ich in dich gesteckt,
aber je mehr ich mich bemühte,
umso weniger bekam ich zurück.

Mein Bauch sagte zwar von Anfang an,
dass das alles niemals funktioniert
und ich mich in Wunschvorstellungen
verlier.
Doch wieso die Liebe zwei Menschen
nicht zusammen retten kann,
hab ich bis heute nicht kapiert.

Ehrlichkeit

Wenn ich ehrlich zu mir wäre,
blieb mir vieles erspart.
Ich müsste nichts ertragen,
was ich angefangen hab,
weil ich vorher schon wüsste,
dass mein Herz das nicht kann.

Einreden

Wer schweigt,
kann sich nicht falsch verstehen,
und wer sich nichts zu sagen hat,
braucht sich auch nichts einzureden.

Was sich falsch anfühlt,
das wird nie richtig sein.
Also tu dir bitte 'nen Gefallen,
und geh',
bevor von dir nichts mehr übrig bleibt.

Alles geht vorbei

Noch zähle ich die Stunden,
seitdem wir nicht mehr sind.
Seitdem dein Name
nicht mehr auf meinem Display steht.

Noch kenn ich jedes Datum
von jedem Kuss und jenem Tag,
an dem ich zum letzten Mal
in deinem Arm gelegen hab.

Noch fühl ich deine Nähe,
geh ich alleine durch die Stadt.
Noch spür ich deine Hand,
dort, wo sie mal war.

Aber das geht alles vorbei,
das hat man mir versprochen.
Wer weiß, was wär passiert,
hätten wir uns damals nicht getroffen.

Du verstehst mich nicht

Du hörst zwar meine Worte,
aber weißt nicht, was ich meine.
Du liest zwar meine Texte,
aber weißt nicht, was ich schreibe.

Kraftakt

Ich hab so viel getan,
doch kam nie an dich ran.
Mit dir fühlte sich Liebe
so anstrengend an.

Unpassend

Ich fühl mich wie ein kleines Kind,
das verzweifelt versucht,
die runde Form
in das eckige Loch zu stecken.
Mit Zwang und viel Kraft
klappt das vielleicht,
obwohl ich eigentlich weiß,
woanders hätt es besser gepasst
und ich hätt mehr davon gehabt.

Preis(-wert)

Wie hoch ist der Preis
von etwas,
dessen Wert man nicht kennt?
Und wie billig
verkauf ich mich,
wenn ich meinen Wert nicht kenn?

Wirklichkeit

In deinem wunderschönen Du
seh ich mein verletztes Ich.
Vielleicht ist es ja so:
Durch dich rette ich mich.

Aber macht das alles Sinn?
Lieben wir uns wirklich?
Oder nur das in unserem Kopf,
was alles hätte werden könn'?

Ich möchte
mit dir Liebe

MACHEN

wir uns
nichts vor.

In meinem Instagramfeed

In meinem Instagramfeed
ist jeder so perfekt.
Und ich hab Angst,
dass du auch siehst,
was an mir alles fehlt.

Ich wär gern alles,
was man sein kann,
nur für dich.
Ich streng mich so sehr an,
sag, siehst du mich?

In meinem Instagramfeed
ist jeder mehr als ich.
Und ich hab Angst,
dass du auch merkst,
wie unperfekt ich bin.

Meine Haut ist nicht eben,
mein Körper niemals konstant.
Im Sonnenlicht kannst du sehen,
was ich an mir nicht mag.

Denn in meinem Instagramfeed
sind alle makellos.
Und manchmal wünscht ich,
ich wäre genauso wunderschön.

Und in meinem Instagramfeed
ist niemand so wie du.
Und ich hab Angst,
dass du auch denkst,
du wärst mir nicht genug.

Glaub bitte nie, was du denkst,
deine Gedanken lügen dich an.
Du bist das Schönste für mich,
an dich kommt keiner ran.

Ich will gar kein Model,
das keine Makel hat.
Ich will nur wahre Liebe
und wen, der sie mit mir macht.

Denn mein Instagramfeed
ist nicht die echte Welt,
da postet jeder nur das,
was allen anderen gefällt.

Und ich bin so viel mehr
als mein Instagramfeed.
Und ich hab es verdient,
dass du das auch so siehst.

Bedingungslos

Magst du mich mit braunen Haaren,
färb ich sie mir blond.
Und liebst du an mir schwarze Hosen,
trag ich nur noch bunt.

Hab gedacht

Ich hab immer gedacht,
das sei ganz normal.
Du nie hier bei mir,
aber ich immer da,
und dass ich bei dir
am wenigsten lach.
Und ich hab immer gedacht,
das sei ganz normal,
dass wir uns nur selten sehen,
ich immer bleiben will
und du, dass ich geh.

Doch meine Freundin,
die hat jetzt einen Freund.
Und viele andere
meiner Freundinnen auch.
Sie sind alle so glücklich,
einfach richtig verliebt.
Und du gibst mir das Gefühl,
ich verlang von dir zu viel.

Verrannt

Machst du mich glücklich
oder red ich mir das ein?
Müsste ich dann bei dir
nicht durchgehend am Lächeln sein?

Ich hab ewig gewartet,
dass du mich endlich liebst.
Aber ist das, was ich will,
auch das, was du mir gibst?

Doch nach all den Strapazen
lieg ich in deinem Arm.
Aber kommt's bei jedem Liebesglück,
nicht auf 'ne stabile Basis an?

Das hier ist doch alles nur halb,
vielleicht haben wir uns verrannt.
Denn so wie in meinen Träumen
fühlt sich das alles nicht an.

Und wenn das alles nicht klappt,
haben wir's wenigstens versucht.
Manchmal ist das, was man findet,
nicht das, was man sucht.
Aber weißt du was?
Ich war immer genug.

Keine Schmetterlinge

Die Schmetterlinge im Bauch
sind eigentlich nur Motten.
Sie fühlen sich zwar an,
als würden sie fliegen,
sind aber eigentlich am Kotzen.

Was wir gemacht haben

Hast mich berührt,
viel zu tief.
Da sind Spuren,
die man sieht.
„Gehen sie weg?",
fragt man mich.
Kommst du wieder
oder nicht?

Hab dich geliebt,
viel zu sehr.
Waren Fremde
und nicht mehr.
Vermisst du mich,
sitzt du am Meer?
Mein Kopf ist voll
und dein Platz leer.

Hast mich verletzt,
viel zu oft.
Hab nur geweint,
sahst du doch.
Und jedes Mal
hab ich gehofft,
wenn ich nie geh,
dann bleibst du noch.

Hab dich vermisst,
jeden Tag.
Du mich nicht,
ich hab's geahnt.
Ich war nie die,
die du magst.
Gingst zurück,
kam ich zu nah.

Hab dich geküsst,
überall.
Trotzdem hat's
nicht gereicht.
Jeder fragt:
„Hat er's gefühlt?"
Vielleicht ging kein Kuss
tief genug.

Hab dich getröstet,
wenn du weinst.
Dir mit mir
'nen Weg gezeigt.
Dich zu lieben
war nicht leicht,
aber dachte ja,
dass du hier bleibst.

Jedes Mal

Und jedes Mal
vermiss ich dich,
frag ich mich:
Tust du das auch?
Und jedes Mal
denk ich an dich,
frag ich mich:
Warum überhaupt?
Denn jedes Mal
bin ich gegangen,
kam von dir:
„Okay, bis dann."
Und jedes Mal
in deinem Arm
merk ich:
So fühlt sich vermissen an.
Aber jedes Mal
fasst du mich an,
glaub ich,
dass du mich nicht vermissen kannst.

Vielleicht ist das keine Liebe,
sondern fühlt sich nur so an.
Doch jedes Mal
in deinem Arm
frag ich mich:
Was ist es dann?

Und jedes Mal
schaust du mich an,
frag ich mich,
ob's noch Liebe werden kann.
Doch ich spür genau,
fasst du mich an:
Wir werden fall'n.
Fragt sich nur, wann.

Wenn ich nicht bin

Wenn ich nicht bin,
was du willst,
ja dann lass mich endlich gehen.
Lässt mich immer glauben,
ich hab das Beste verdient,
behältst mich aber nur,
damit wer neben dir steht.

Wenn ich nicht bin,
was du begehrst,
ja dann fass mich auch nicht an.
Ich kann das nicht ertragen,
deine Hand auf meiner Haut zu haben,
in der mehr Lust als Liebe steckt.
Dann ist das alles auch nicht echt.

Wenn ich nicht bin,
was du liebst,
ja dann lass mich endlich frei.
Ich will nicht warten, bis du gehst,
und ständig hoffen, dass du bleibst.

Vielleicht kannst du mich nicht lieben,
ich hab's ja auch gehört.
Dein Herz hat nie so schnell geschlagen,
aber ich hab's ignoriert.

Ein Ende

Ich will einfach nur,
dass das mit uns
irgendwie zu Ende geht.
Es ist mir mittlerweile auch egal,
ob mit oder ohne Happy End.

Wichtige Schritte

Viele Schritte, die man nicht machen
will,
sind Schritte in die richtige Richtung,
und Schritte, die dann wehtun,
sind Schritte, die gemacht werden
müssen.
Denn auch wenn es schwer zu sehen ist:
Jede Träne ist auch 'ne Erkenntnis.

Löcher im Körper

Ich hab Löcher im Körper,
seit du mich so angesehen,
ausgezogen und angelacht hast.
Deswegen bin ich sogar angezogen nackt
vor dir, auch, wenn ich was anhab,
hast du den Blick von mir abgewendet,
weil ich Löcher im Körper hab,
seit du mich so angesehen,
ausgezogen und angelacht hast.

Zu spät

Noch eine Nacht mit dir,
die bitte niemals vergeht.
Noch ein ganz langer Kuss
und Zeiger, die sich rückwärts drehen.
Nicht aus allem, was kaputt ist,
kann ein Wunder entstehen.
Die anderen haben recht.
Für uns zwei ist es jetzt einfach zu spät.

Zu schön

Deine Lippen passen so perfekt auf
meine
und meine Hände passen so gut in deine.
Schau mir in die Augen
und du weißt, was ich meine.
Wir wären leider viel zu schön,
um wahr zu sein.

Nicht gereicht

Nimm noch einmal meine Hand
und versprich mir,
dass ich immer in deinem Herzen bleib.
Für uns zwei hat die ganze Liebe
einfach nicht gereicht.

Zu verschieden

Es tut immer noch weh
und ich denk immer noch an dich.
Was hätte werden können,
wärst du ein bisschen mehr wie ich.

Und ich hab langsam kapiert,
wir hätten nie funktioniert.
Wir sind viel zu verschieden
und dein Bild in meinem Kopf
ist noch nie echt gewesen.

Verdammt, hab ich mir eingeredet,
was du gar nicht bist,
und meine Zeit damit verschwendet.
Mich ständig nur verstellt,
in der Hoffnung, dann passt es perfekt.

Schöne Geschichten

Manche Dinge,
die wir erleben,
sind nur gedacht
für schöne Geschichten,
aber leider nicht
für den Rest unseres Lebens.

Angefangen aufzuhören

Ich hab angefangen zu reden
und aufgehört nur so zu tun,
was ich mir alles wünsche
und dass du das nicht tust.

Ich hab aufgehört zu glauben
und angefangen zu sehen,
was ich mir alles wünsche
und dass wir das nicht sind.

Aufgehört anzufangen

Du hast angefangen, mich zu vergessen,
und ich hab aufgehört, dich zu
vermissen,
und irgendwo dazwischen
wären wir perfekt zusammen gewesen.

Denn ich hab aufgehört zu warten,
dass du anfängst, mal zu merken,
dass, würdest du mich haben,
es dir besser gehen würde.

Hätte ich früher gewusst

Hätte ich früher gewusst,
wie weh du mir tust,
hätte ich es vielleicht
gar nicht erst versucht.
Vielleicht hätte ich gemerkt,
du tust mir nicht gut.

Und hätte ich früher gewusst,
wie es zu Ende geht,
hätt ich mich mittendrin
vielleicht umgedreht,
vielleicht hätt ich schon früher
die Kurve gekriegt.

Und hätte ich früher gewusst,
was du in mir siehst,
hätte ich vielleicht mal selbst
in den Spiegel gesehen
und schon früher gemerkt,
ich hab viel mehr verdient.

Vielleicht glaub ich mir das,
wenn ich's oft genug sag.
Aber ich schwör dir:
Hätt ich's früher gewusst,
ich hätt's trotzdem gemacht.

Viel mehr als nur genug

Manchmal steh ich
vor dem Spiegel,
frag mich:
„Bin ich dir genug?"
Oder schaust du dich
ganz still und heimlich,
manchmal nach wem andern um?

Doch dann schau ich noch mal hin,
frag mich,
was ich will und wer ich bin.
Seh dich
ständig wieder vor mir stehen.
Nicht mein Problem,
wenn du nicht siehst,
dass ich viel mehr als nur genug bin.

Herzenspunkt

Manchmal trau ich mich,
noch mal nachzuschauen,
ob der Punkt in meinem Herzen,
der deinen Namen trägt,
immer noch wehtut,
wenn man ihn berührt.
Meistens ist's erträglich,
manchmal ist es schwer,
aber wenn ich mich umdreh,
dann geht's schon fast wieder.

Ich vermisse dich nicht

Manchmal denk ich,
ich vermiss dich,
aber das stimmt nicht.
Ich vermisse,
wer du hättest sein können,
also jemanden,
den es gar nicht gibt
und nie hätte geben können.

Nur das Beste

Du sagst mir,
ich verdiene nur das Beste auf der Welt.
Und ich sage dir,
dass das Gleiche auch für dich gilt.
Aber wer hätte gedacht,
dass wir nicht das Beste
füreinander sind.

Ich hab Liebe verdient

Und schau mich doch an!
Ich bin so viel wert
und eigentlich auch gar nicht
so total verkehrt.
Ich bin schon ganz schön süß,
mein Herz ist so groß,
und wenn du mich liebst,
kriegst du das Doppelte zurück.

Alle fragen so oft:
„Kriegst du auch das, was du gibst?"
Und jetzt hab ich verstanden:
Ich hab Liebe verdient.

Gedichte für dich

Hundert Gedichte
hab ich nur für dich geschrieben.
Jetzt bist du weg
und hast keins davon gelesen.
Vielleicht schick ich sie dir in ein paar
Jahren,
in einem Umschlag, mit der Post,
damit du irgendwann mal merkst,
ich meinte das tatsächlich ernst,
und vielleicht bereust und denkst:
„Hätte ich das damals bloß geschätzt."

Starke Bindungen

Ich glaub an wahre Liebe,
dass da jemand so ist wie ich,
dass da jemand genauso liebt wie ich.
Und dass es stärkere Verbindungen gibt,
als mein WLAN es ist.

Wünsche

Und wenn du 'ne Sternschnuppe siehst,
dann wünsch dir was!
Ich wünsch mir für dich,
dass du einfach glücklich bist
– auch ohne mich.

Vielleicht

Vielleicht kannst du nicht sehen,
wer ich wirklich bin,
weil du dann merken würdest,
was ich eigentlich verdien.

Vielleicht willst du auch nicht sehen,
was ich alles für dich mach,
denn du könnt'st es nicht ertragen,
zu sehen, was du verpasst.

Vielleicht hast du Angst zu fühlen,
wie gut ich dir tu.
Aber falls du's irgendwann bereust,
ist das nicht meine Schuld.

Vielleicht wirst du auch nie merken,
meine Liebe wär dein Wunder.
Und wenn du so was nicht mehr findest:
Tut mir leid, ich bin schon weiter.

Vielleicht tut es dir dann leid,
du hast genommen und nie gegeben,
schreib mir gerne einen Brief,
aber ich hab aufgehört zu warten.

Glücklich

Ich glaub, du hast dich nie verändert,
sondern warst schon immer so.
Und vor lauter Alkohol
warst du einfach nicht mehr du.

Deine Lippen mehr an Flaschen
als an mir, du hast's gestanden.
Das Gleiche kann ich dir nicht geben,
selbst alles wäre nie genug gewesen.

Jetzt bin ich weg und du noch da.
Kamst mich nie suchen,
nach dem, was war.
Hoffe nur, dass du noch lebst
und mich vielleicht auch mal vermisst.

Aber weißt du was?
Ich bin endlich wieder glücklich.

Ciao

Sei mir bitte nicht böse,
dass ich jetzt geh
und dich alleine lass.
Ich hab's lange genug mitgemacht
und mein Herz hat Angst,
dass du es nicht beschützen kannst.

Sei mir bitte nicht böse,
dass ich jetzt geh
und mich nicht noch mal zu dir umdreh,
aber das hier habe ich nicht verdient.

Denk an mich

Wenn du nicht an mich denkst,
dann macht das nichts,
denn ich denk jetzt
selbst an mich.

Mein Versprechen

Und ich hab dir ja versprochen,
wenn du mal nicht mehr bist,
dass du ewig und für immer
in meinen Geschichten weiterlebst.

Denn dort bist du so anders,
dort passt alles perfekt.
Dort ist alles so endlos,
dort ist alles nicht echt.

Und auch, wenn du sie nie liest,
und selbst wenn, auch nicht verstehst,
so sei dir einfach sicher:
Das, was hätte werden können,
vergess ich nicht.

Aber ich vergess, dass du nicht bist,
was ich dachte, das du wärst.
Denn wärst du das gewesen,
dann wärst du jetzt noch hier.

In ehemaliger Liebe

Kapitel 4

140

Was, wenn?

Und was, wenn du morgen aufwachst
und feststellst,
dass du dein ganzes Leben nur geträumt
hast?
Und was, wenn du in diesem Augenblick
gerade stirbst
und dein Leben nur noch mal Revue
passieren lässt?

Gestern und morgen

Ich weiß eigentlich gar nichts
und trotzdem alles besser.
Fragt mich wer nach morgen,
erzähl ich stolz von gestern,
weil ich Angst vor morgen hab,
weil gestern alles besser war.
Und wer noch heute bei mir ist,
ist morgen ja schon nicht mehr da.

Was zählt

Was morgen ist,
ist heute egal.
Aber was morgen zählt,
ist, was gestern war.

So ernst, das Leben

Ich kann nächtelang nicht schlafen,
tagelang nichts anderes als träumen
und spiel mit dem Leben,
als wär's Lego-Häuser bauen.

Wieder leichter

Siehst du dort hinten in der Finsternis?
Da brennen ganz viele Lichter für dich,
die dir sagen wollen,
dass es wieder weitergeht
und dass alles Schwere
auf deiner Seele
auch wieder leichter wird.

Über Nähe und Stärke

Wer sich kurz distanziert,
gewinnt vielleicht an Nähe,
und was dich heute schwach macht,
ist morgen deine Stärke.

Die Optionen sind absehbar

Es ist beruhigend, aber macht auch
Angst.
Es ist wahr, aber auch unsicher.
Die Optionen sind immer absehbar.
Sieht niemand ein,
aber weiß trotzdem jeder.

Ist das immer so?

Manchmal frag ich mich,
ob das im Leben immer so ist,
dass Dinge passieren,
die nicht absehbar waren,
und dass ich Dinge fühle,
die ich kaum ertragen kann.

Das Glück

Manchmal ist es im Leben so,
dass alles passt,
außer der Zeitpunkt.
Manchmal ist es so,
dass der Zeitpunkt vielleicht,
aber etwas anderes viel besser passt.
Und manchmal ist das,
was wir wollen,
nicht das,
was das Beste ist,
und manchmal müssen wir kurz traurig
sein,
weil das große Glück gerade auf dem
Weg ist.

Alles hat Sinn

Ist schon verrückt,
wie alles Sinn macht,
wenn man den Sinn verstanden hat,
und irgendwie beruhigend,
dass alles einen Sinn hat.

Neue Schritte

Ich hab manchmal Angst,
neue Schritte zu gehen,
weil ich immer denk,
dass das Leben mir die Füße wegzieht.

Mein Platz

Ich bleib einfach hier stehen,
vielleicht gehör ich ja hierhin.
Und wenn meine Füße anfangen,
wehzutun,
ist es wieder Zeit,
weiter nach meinem Platz zu suchen.

Manchmal muss ich fühlen

Manchmal hab ich Angst,
aber das ist okay.
Und dann muss ich fühlen,
bis es wieder geht.

Keine Antworten

Ich hab noch keine Antwort
auf all die vielen Fragen.
Steh jeden Morgen auf
und werde weiter warten,
ob was passiert,
was ich am wenigsten erwarte,
werd dann schon sehen,
ob meine Schultern das auch tragen,
oder wie leicht das Leben wird,
wenn ich das alles stur ertrage.

In meinem Kopf

Ich leb mehr in meinem Kopf
als da draußen in der Welt.
Da ist alles so viel schöner.
Da ist alles, wie es mir gefällt.

Ein anderes Gefühl

Die Morgenluft strömt mir in die Nase
und füllt meine Lungen, wenn ich atme,
schmeckt der Duft so süß,
wie die Schokolade
am Abend.
Aber es ist ein neuer Tag,
was sich wohl verändert hat
in der letzten Nacht
hab ich schon wieder viel zu wenig
Schlaf gehabt.
Um mich zu konzentrieren,
zähl ich die Tautropfen auf den Blättern
und denk mir so:
Heute ist schon wieder morgen,
aber alles fühlt sich an wie gestern.
Wann kommt denn mal ein anderes
Gefühl?

Zu wenig Zeit

Die Zeit läuft weg
und ich wink nur hinterher.
Ich hab viel zu wenig Zeit
und brauch eigentlich viel mehr.

Sorgen

Ich will doch nur ein bisschen weniger
Sorgen.
Das Heute genießen,
ohne die ständigen Gedanken an
morgen.
Ich will weniger weinen,
lachen macht viel mehr Spaß.
Doch wer bringt mich zum Lachen,
wenn ich vergessen hab,
wie's geht?

Pi

Entweder ich dreh mich im Kreis
oder nichts bleibt gleich.
Ich hab Angst, wenn was geht,
was ich will, das bleibt.
Und das bleibt, was ich will,
das bitte gehen soll.
Denn ich hab nie gewollt,
dass es mal schwierig wird.
„So ist das Leben",
hab ich echt oft genug gehört.
Denn auch von wunderschönen Zeiten
gibt's tausend unschöne Varianten.
Ich wünscht' manchmal, ich wär Pi,
dann wär mein Leben 'ne Konstante.

Hinter Fassaden

„Leicht zu haben" ist vielleicht nur
auf der Suche nach Liebe
und „größter Idiot der Welt"
hat es vielleicht nur nie anders gelernt.
Der „krasse Weiberheld"
kompensiert die fehlende Liebe zu sich
selbst
und du erzählst mir,
dass du die Menschen verstehst.

Mehr als das Offensichtliche

Sie sucht die wahre Liebe
zwischen fremden Bettlaken.
Für alle ist sie „leicht zu haben",
denn niemand denkt so weit,
dass sie nur wen will,
der immer bei ihr bleibt.

Kopfliebe

Sie liebt nicht mit dem Herzen,
sie verliebt sich mit dem Kopf.
Weil ihre Seele alte Wunden heilen will,
passiert ihr das so oft.
Und nie endet das gut,
weil sie sich selbst heilen muss.

Nacktheit

Nackt bist du nicht,
wenn du ausgezogen bist.
Nackt bist du,
wenn du weinend vor mir sitzt
und in den Arm genommen werden
willst.

Alles geben

Mach aus dem Aufgeben
ein Alles-Geben
und lass mich deine Hand nehmen,
um dir zu zeigen, dass ich da bin.

Unglücklich

Warum redest du dir ein,
dass du glücklich bist,
obwohl du nicht mehr lächelst,
und wenn, dich doch nur zwingst?

Keine Lösung

Sind 3 Liter weg, bin ich hackedicht.
Für den Moment vergess ich alles,
manchmal sogar mich.
Doch morgen ist alles wieder da,
denn alles ist das neue Nichts.
Und will ich an nichts denken,
denk ich an nichts anderes.
Denn Alkohol ist nur 'ne Lösung,
aber löst halt überhaupt nichts.

Filmmoment

Du sitzt im Auto,
mit Tränen in den Augen,
und willst einfach nur nach Hause.
Plötzlich das Gefühl,
dass das Radio deinem Leben zusieht,
denn auf einmal hast du passende
Hintergrundmusik.

Geben

Ich wünsch mir,
dass du aus dem Aufgeben
ein Alles-Geben machst
und dass du endlich zugeben kannst,
dass du nachgeben musst,
damit du das hier alles schaffst.

Und du musst bei mir nicht vorgeben,
dass du löwenstark bist.
Du kannst ruhig weinend zugeben,
dass das Leben manchmal schwierig ist.
Und lass mich dir ans Herz legen,
dass ich dich nicht aufgebe
und bei dir bleibe,
solange du mich lässt.

Ich versteh dich

Ich werd dich immer fangen,
wenn du fällst,
und dir meine Flügel geben,
damit du fliegst
und frei sein kannst,
wenn dir der Boden unter den Füßen
fehlt.
Denn ich versteh, wie's dir geht,
und weiß genau, wie du dich fühlst.

Ich denk an dich

Ich denk an dich,
wenn du es vergisst,
und ich seh so viel mehr in dir
als du denkst, dass du bist.

Glaub mir,
ich seh, wie du kämpfst,
wie dich dein Mut langsam verlässt,
aber ich glaub an dich.
Also zweifle nicht an dem,
was noch Zukunft ist.

Aushalten

Du musst jetzt auf die Zähne beißen,
das alles einmal aushalten
und versuchen,
zwischen aufgeben
und alles geben
deinen Mut zu behalten.
So lange,
bis der Sturm nur noch einer Brise
gleicht
und der Regen
der warmen Sonne weicht.

Das Schöne

Nimmst du meine Hand,
wenn ich versprech,
dass ich dir Schönes zeig?

Und magst du für mich lächeln,
wenn ich dir sag,
das Schöne braucht halt manchmal Zeit?

Sorgenzettel

Schreib es auf, zünd es an,
lass es geh'n.
Nein, es ist nicht immer alles schön.
Schau dir an, wie's dir geht,
wenn du all die Lasten nicht mehr trägst.
Ja, es wird alles wieder schön.

Was wir uns wünschen

Lass uns tanzen,
lass uns lachen,
zusammen mit dir
will ich mir keine Sorgen machen
über das, was im Moment
unsere Nerven strapaziert.
Auf dass das Leben bald mal fragt,
was wir uns wünschen,
was passiert.

Ursache

Egal, wie sehr du liebst,
egal, wie sehr du fühlst,
bitte merk dir immer eins:
Die Ursache eines Problems
kann niemals dessen Lösung sein.

Wer wichtig ist

Es ist nicht *der* wichtig,
der bei dir ist,
wenn du alles hast.

Es ist *der* wichtig,
der bei dir bleibt,
wenn du nichts mehr hast.

Wir

Wir kennen das Ziel,
aber nicht den Weg.
Wir laufen zu schnell,
bevor wir wissen, wie man geht.
Wir wollen fliegen,
ohne fest im Leben zu stehen.
Wir wollen die große Liebe,
aber wissen gar nicht, wie man liebt.

Zuerst

Vielleicht muss man erst blind sein,
um die Dinge klar zu sehen.
Vielleicht muss man erst laufen,
bevor man lernt, wie man geht.
Und vielleicht muss alles fallen,
damit man endlich wieder aufsteht.
Doch eigentlich muss das Alte erst mal
raus,
damit es Platz für Neues gibt.

Erklärungsbedarf

Was sind die Gründe
für all das, was passiert?
Und wieso ist es das,
was Sinn macht,
was ich am wenigsten kapier?
Warum hab ich solche Angst,
dass ich das verlier,
was mich berührt?
Und wann erklärt mir endlich jemand,
wie dieses Leben funktioniert?

Realistisch

Ich bin nicht realistisch,
ich mag die Realität nicht.
Ich wär gern 'ne Fee
mit Glitzerflügeln, fliegen,
ohne fest im Leben zu stehen.

Gedanken an mein Leben

Manchmal denk ich an mein Leben,
an jeden Traum und jeden Plan.
Hab Angst, ich werd nicht alles schaffen,
weiß ja nicht mal,
wie viel Zeit ich hab
und ob ich sie für all das
überhaupt benutzen kann.

Ich schaffe das

Wisst ihr eigentlich, wie stark ich bin?
So oft ich auch alles einfach aufgeben
will
und wie oft ich auch denke:
„Nein, ich krieg das nicht hin."
Ich bin immer noch hier,
hab mein Herz in der Hand,
fühle jedes Gefühl und
hör meinen Verstand,
wie er immer wieder sagt:
„Ich weiß genau,
dass ich das alles schaffen kann."

Kapitel 5

183

Wir sind perfekt

Wir sind genauso, wie wir sind,
vollkommen perfekt.
Und ein Lächeln steht uns allen gut,
egal, ob XL oder XS.

Du bist schön

Schön bist du nicht,
wenn du gerade denkst,
dass du schön bist.
Schön bist du,
wenn du an alles denkst,
außer daran,
ob du gerade schön bist.

Wer du bist

Wer bist du
und wer bestimmt deinen Wert?
Wann bist du gut so,
wann bist du verkehrt?
Warum musst du dich rechtfertigen
für das, was du bist?
Und wer hat bitte entschieden,
dass man mit Dellen oder Narben
und in schwierigen Phasen
weniger perfekt ist?

(Unsere Gesellschaft hat eine)
Essstörung

Manchmal ess ich viel zu viel
und dann doch wieder zu wenig,
weil die Gesellschaft immer sagt:
„Was du tust, das ist nicht richtig!"

Heute ess ich dann Nutella,
schön mit Weißbrot, drunter Butter.
Morgen fühl ich mich dann schlechter,
weil der Tag, der ging so weiter.

Morgen früh dann nur noch Obst,
mittags Gemüse. „Ja, das schockt!",
sag ich mir und denk mir doch,
dass hier viel zu vieles schiefläuft.

Ich hab noch nie so viel wie heute
über Essen nachgedacht.
Mensch, was wär da bloß an Platz,
könnt ich sagen: „So, das wars!"

Aber so läuft das leider nicht.
Wär zu schön, wenn das so ging.
Sagst mir immer, soll mir merken,
dass ich nicht mein Essen bin.

Der Mensch dazwischen

Ich wünsch mir so gerne sternenklare
Sicht,
denn zwischen all den Gestalten
sieht man mich nicht.
Wie ich hier stehe, die Hand heb,
und auch wenn ich gehe,
niemand mich anfleht
zu bleiben und mir sagt,
dass ich hier wichtig bin,
dass auch meine Worte zählen,
wenn meine Stimme sich erhebt
und ich euch sage, dass ihr blind seid
und vor lauter Menschen,
den Menschen nicht mehr seht.

Ich wünscht, ich wär 'ne Tanne

Ich wär so gern 'ne Tanne,
die blüht das ganze Jahr
und steht nach allen Jahreszeiten
immer noch genauso da.
Aber ich bin halt eher so 'ne Tulpe
oder ein Schneeglöckchen,
immer nur für eine begrenzte Zeit
hübsch anzusehen,
bis es erneut Arbeit kostet,
mich wieder so schön hinzukriegen.

Ich wünscht, ich wär 'ne Tanne,
Ich wünschte, ich wär immer schön.

Mein Körper

Manchmal macht mein Körper
ganz komische Sachen.
Morgens ist mein Bauch
flacher als abends.
In der Umkleide
und im Sonnenlicht
hab ich plötzlich Dellen,
die sieht man sonst gar nicht.
So viele Stellen an mir
sind weiß gestreift
und ich hab Pickel im Gesicht,
weil Schokolade besser
als Gemüse schmeckt.

Aber manchmal macht mein Körper
ganz komische Sachen.
Wenn ich glücklich bin,
fängt mein Mund an zu lachen,
und wenn ich verliebt
durch die Straßen geh,
kann man das in meinen Augen sehen.
Viele Stellen an mir
fühlen sich gut an,
wenn man sie berührt

und mein Körper bettelt ständig:

SEI DOCH GLÜCKLIC MIT MIR

190

Niemand ist alleine

Niemand ist perfekt,
aber jeder will es sein.
Jeder zweifelt,
aber niemand tut's allein.

Was, wenn ich das bin?

Was, wenn ich das Puzzlestück bin, das
nirgendwo passt?
Was, wenn ich der Vintage-Schrank bin,
den niemand leiden mag?
Was, wenn ich so anhänglich bin,
dass jeder Abstand sucht?
Und was, wenn ich mein Leben lang zu
viel geb
und nie kommt was zurück?

Was hab ich davon?

Ich wär gern perfekt,
fänd mich gerne schön.
Will so vieles ändern,
aber was hab ich davon?

Perspektivwechsel

Was, wenn wir unseren Körper nur nicht
mögen,
weil es unserer ist?
Was, wenn er jemand anderem gehörte
und wir denken würden:
„Scheiße, wie perfekt!"?
Was, wenn wir alles sind,
was jemand anderes sich wünscht?
Und wieso sind wir so selbstkritisch und
undankbar,
statt uns zu freuen,
wir sind gesund?

Grabgedanken

Du und ich,
wir sollten jede Delle, Narbe, Macke und
Unperfektheit lieben lernen.
Denn immerhin könnten wir morgen
auch schon tot sein
und wer will schon sagen:
„Ich bin tot und verbrachte mein
gesundes Leben damit,
mich auf Perfektheit, Leistung und
Aussehen zu reduzieren
und mich ständig über mich selbst zu
beschweren."

Wär gerne wie du

In meinem Kopf ist alles schwarz,
ich denke immer, dass mich niemand
mag
und dass ich nur hübsch bin,
wenn ich keine Pickel und perfekte
Maße hab.
Ich will's bedingungslos,
tiefer als nur oberflächlich,
egal ob Liebe oder freundschaftlich,
mag mich doch bitte,
egal ob ich mal anders ausseh
oder meine Jeans mal besser oder
schlechter zugeht.
Das verlange ich doch auch nicht.
Denn ich seh DICH und find dich schön,
find's spannend, dich dort in der Menge
zu sehen,
wie du selbstbewusst zu deiner Meinung
stehst
und über dich selbst lachen kannst,
wenn mal wieder nichts nach Plan geht.
Ich find's halt einfach toll,
dass du dich selbst und das Leben nicht
so ernst nimmst,
und wünsche mir, dass du mir ein
bisschen davon abgibst.

Wie du gerade bist

Ich will mich gern so sehen,
wie ich dich seh,
aber wenn ich vor dem Spiegel steh,
seh ich nichts, was so schön ist wie du.
Meine Makel sind an dir pure Perfektion
und jede Veränderung gehört zu dir dazu
und ich mag dich immer ganz genau so,
wie du gerade bist.
Und wenn du gerade mal anders bist,
ist das okay für mich,
aber mich selbst ertrag ich so
und auch anders nicht.

Du bist teurer Champagner

Ich weiß, du bist selbst dein größter
Feind
und du magst dich nicht,
weil du anders bist,
und du willst anders sein.
Nicht mehr auffallen,
sondern wärst statt teurem Champagner
mit Einzelaufsteller
lieber unauffälliger Billigwein.

Interpretation

Ich interpretier in Kleinigkeiten
immer so viel rein.
Und was in meinem Kopf so groß,
ist in Wahrheit eigentlich ganz klein.

Gefühlskiste

Ich hab 'ne Kiste mit Gefühlen
auf dem Dachboden verstaut.
Das ist mein Kopf
und geh ich rein,
komm ich da auch nicht mehr raus.
Ich muss sortieren und kapieren:
Fühlen ist wichtig, fühlen muss sein.
Aber wie soll ich richtig fühlen,
wenn dieses Chaos ewig bleibt?

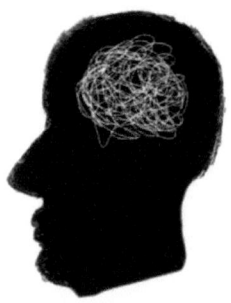

Tiefe Gefühlslöcher

Ich fall in jedes kleine Gefühl
immer so tief rein
und stolpere beim Klettern
in das nächste hinein.

Ausnahmen

Und weil Ausnahmen
die Regel bestimmen,
könnte der gleiche Fehler
beim nächsten Mal ja nicht passieren.

Wer bin ich?

Ich weiß nicht, was ich suche,
und mag nicht, was ich finde.
Ich weiß nicht, was ich will,
und während ich mich falsch entscheide,
vergesse ich auch noch,
wer ich bin.

Gerne ich

Meine Werte kann niemand
nachvollziehen
und was mir am Herzen liegt,
können so viele nicht verstehen.
Ich suche den Denkfehler in meinem
Kopf,
denke immer,
dass ich mich anpassen muss,
um nicht mehr aufzufallen.
Dabei will ich gar nicht anders,
sondern eigentlich nur gerne ICH sein.

Ich bin mein Fragezeichen

Ich bin selbst mein größtes Problem,
mein allergrößtes Fragezeichen.
Ich weiß ja auch nicht,
wieso ich so bin, wie ich bin,
aber ich bin so, leider.
Bevorzuge trotz Freunden stets ein
Einzelzimmer,
trink Fanta und tu, als wär's
Champagner,
und feier das Leben, obwohl's mich
ankotzt.

Seelen

Jeder, der es jetzt leicht hat,
hatte es mal schwerer.
Ich seh kaputte Seelen,
schau ich in andere Gesichter.

Unveränderbar wunderbar

Ich verlier mich in Büchern
und zu oft in Liebesliedern.
Aber manchmal hilft es mir,
mich an mich zu erinnern.

Denn was mich an mich erinnert,
erinnert mich daran,
dass ich so bin, wie ich bin,
und daran auch nichts ändern kann.

Alleine

Ich hab Angst,
denn die Welt ist so groß
und ich bin so klein.
So, wie ich bin,
so will ich gar nicht sein
und zwischen 8 Milliarden Menschen
fühl ich mich trotzdem so allein.

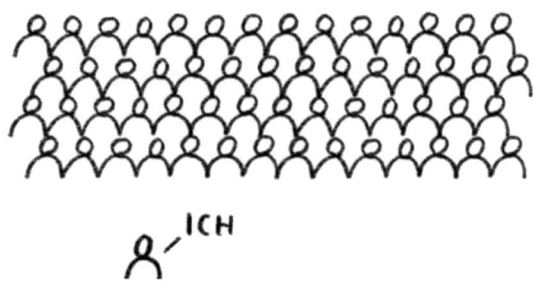

Ewig lebendig

Manchmal fühl ich mich wie niemand,
manchmal fühl ich mich allein.
Aber ich wünsch mir,
wenn ich tot bin,
will ich trotzdem noch lebendig sein.

Festplattenkopf

Ich wünschte, mein Kopf wär eine
Festplatte.
Ich könnte in Erinnerungen schwelgen,
an die ich mich erinnern will,
und Dinge einfach löschen,
die nie hätten passieren sollen.
Aber ich bin halt kein Computer,
sondern funktionier viel komplizierter.

Was ich will, was ich schaff

Ich will immer so viel
und schaff davon zu wenig.
Und je mehr ich will,
umso weniger schaff ich.

Immer weiter

Ich geb zu oft auf
und zu selten nach.
Will ständig alles schaffen
und denk nie darüber nach.
Versuch mich zu erinnern,
wieso ich angefangen hab.
Mach einfach immer weiter
und kämpfe bis ins Grab.

Klippen

Aber was mich nicht umbringt,
macht mich ja nur stärker,
sagen sie,
aber es bringt mich ja doch um,
früher oder später.
Doch ich nehm mir die Zeit
und andere sich das Leben.
Wir haben alle unsere eigenen Klippen,
nur manche sind im Kopf
und andere in der Gegend.

Grenzen

Warum lässt du dich von den Grenzen
aufhalten,
die du dir selbst setzt?
Denn auch, wenn dir manches im Weg
steht,
heißt das doch nicht,
dass es unmöglich ist
und deine Ziele unerreichbar sind.
Denn ich weiß, aus dir wird was werden,
denn ich glaub an dich und deine Stärken
und dass du kannst, wenn du willst,
du musst nur wollen und den Mut haben,
zu tun, was dir Spaß macht,
und dann wirst du jemand Großes
werden.

Ich weiß genau

Ich weiß genau,
wie's geht,
ich weiß genau,
was mir guttut,
und ich weiß genau,
was jetzt richtig ist.
Aber ich mach's halt trotzdem nicht.

Nicht erwachsen

Mach mir 'nen Schaumbart ins Gesicht,
wenn ich in der Badewanne sitz,
und auch sonst glaub ich nicht,
dass ich schon erwachsen bin.

Wenn ich groß bin

Wenn ich einmal groß bin,
will ich endlich aufhören,
mich so klein zu fühlen.
Ich will Großes bewegen
und die kleinen Dingen schätzen,
jeden Tag bewusst erleben
und mich nicht mehr mit anderen
messen.
Mit meinem Ich im Reinen sein,
ohne mich ständig selbst zu vergessen.
Aber vor allem will ich eins,
wenn ich einmal groß bin,
und zwar endlich glücklich sein.

Kopfküsse

Ich wünsch mir doch nur wen,
der mich schützend ich den Arm nimmt,
mir 'nen Kuss auf meinen Kopf gibt,
mir sagt, dass alles wieder gut wird,
und dass ich ganz doll geliebt werd.

Unverheilt

Manchmal hab ich Angst,
ich bin gar nicht wichtig.
Alles, was ich bin,
das zählt überhaupt nicht,
und wie kann man mich mögen?
Ich tu es ja selbst nicht.

Aber dann fällt mir ein,
das denk gar nicht ich,
sondern der Teil in mir,
der noch nicht ganz verheilt ist.

Wär ich ein Gedicht

Wär ich
ein Gedicht,
dann wär ich heiter
und auch traurig,
berührend und
einmalig,
sprunghaft und verliebt
in jedes Wort und jedes Lied,
was das Leben mir vorspielt,
nachdenklich und melancholisch,
wenn es in mir dunkel ist.
Aber schön wäre ich,
für meinen Leser,
sicherlich,
die ganze Zeit.

Schmetterling

Ich bin wie ein Schmetterling,
der still sitzt,
obwohl er fliegen kann
und selbst nicht sieht,
wie schön seine Flügel sind.

Erwartungen

Ich würd echt gerne wissen,
was mich alles noch erwartet.
Treff überall die gleichen Leute,
nur mit anderem Namen,
und red mir gerne ein,
dass die Welt ja auf mich wartet.

Hey du

Hey du!
Du bist gut genug!
Und egal was andere sagen,
ich krieg von dir nie genug!
Gib mir mehr von dir,
von dem,
was du denkst,
was du fühlst,
erzähl mir deine Träume.
Was raubt dir den Atem
und was lässt dich nachts nicht schlafen?
Wovor hast du Angst,
wenn man dich alleine lässt?
Was schmeichelt deiner Seele
und was gibt dir den Rest?
Wann brauchst du meine Hilfe,
wann schaffst du es alleine?
Bitte erzähl mir 'ne Geschichte,
ich bleib' noch für 'ne Weile.

Kapitel 6

LIEBE

224

DU

ICH

Traum oder Ewigkeit

Vielleicht ist das alles nur ein Traum.
Vielleicht wache ich morgen wieder auf.
Vielleicht ist das alles morgen schon
vorbei
und vielleicht hält es ja bis in alle
Ewigkeit.

Völkerball

Ich spiele Völkerball mit meinem
Herzen,
treffe auch meist so ziemlich jeden.
Aber niemand fängt es auf
und wenn es auf dem Boden liegt,
hebt es auch niemand auf.
Anscheinend hat niemand Lust
mitzuspielen
und bei jedem neuen Versuch
tut's ein bisschen mehr weh.

Was ich weiß

Ich weiß nicht,
wie man genau liebt.
Ich weiß nur,
wie es sich anfühlt,
wenn es nicht erwidert wird.

Aussuchen

Als könntest du dir aussuchen,
wen du magst und liebst.
So rennst du lachend durch die Straßen
und während du mit dem Finger
auf andere zeigst,
merkst du,
dass du eigentlich weißt,
wen du willst
und nicht haben kannst
und wie es dich innerlich zerreißt.

Graue Mäuse

Und die großen Jungs wissen gar nicht,
dass es graue Mäuse gibt
und dass sie die grauen Mäuse
in ihnen sieht.
Dass sie sie hört,
wenn sie zwischen den Zeilen
der schönsten Worte liest
und die sie spürt,
wenn sie ihre Lippen küsst.

Augenfarben

Ich will in blauen Augen tauchen,
als wäre ich im Mittelmeer.
Mich in grünen Augen verlier'n,
als wäre ich zu Hause hier.
Ich will in braunen Augen Berge sehen,
die mich wieder nach Hause bringen.

Liebe auf den ersten Abschied

Ich hab dich gesehen
und mich nicht in dich verliebt.
Aber als du gegangen bist,
hab ich dich irgendwie vermisst.

Zukunftsvisionen

Und irgendwann werd ich dann da sitzen
und lächelnd an die Zeit jetzt denken,
mit meinen Enkeln auf dem Schoß
und ihnen erzählen:
„Den Opa fand ich anfangs
eigentlich ganz schön blöd."

Und wenn sie mich dann fragen,
wieso ich mich verliebt hab,
dann werd ich ihnen erklären,
dass die Liebe
mich nie nach meiner Meinung
gefragt hat.

Was du mit mir machst

Ich vergess mich gern selbst
und kümmer mich nicht.
Mein Mittelpunkt bist du
und alles dreht sich um dich.

Mir wird immer ganz schwindelig,
wenn dich was bedrückt.
Ich lass alles stehen und liegen:
Hauptsache, dir geht's gut!

Denn du bist mehr als genug.
Für mich alles, wenn ich nichts hab,
meine Schulter, wenn ich Angst hab,
der mich stützt, fehlt mir der Mut.

Und wieso werd ich immer rot,
sobald du lachst, sobald du strahlst?
Warum berührst du mich so?
Ich versteh nicht, was du machst.

233

Sprachen der Liebe

Für dich lern ich 1000 Sprachen,
dann kann ich dir in jeder
„Ich liebe dich" sagen.

Deine Liebe

Denk an mich, wenn du mal weg bist,
und schreib mir dann, du denkst an mich.
Küss mich, wenn du da bist,
damit ich nie vergess,
wie es sich anfühlt.

Ich bin dein Zuhause

Nimm's ruhig wörtlich,
wenn ich dir versprech:
„Sei bei mir einfach, wie du bist,
weil mein Herz jetzt dein Zuhause ist."

Bin ich das für dich?

Was macht dich glücklich?
Was berührt dich?
Und welcher Stimme willst du zuhören,
bis ein neuer Tag anbricht?

Bin ich das, was du willst?
Bin ich das, was du brauchst?
Ich will dir alles geben
und die sein,
der du blind vertraust.

Bin ich die, die dich glücklich macht?
Bin ich die, die dich berührt?
Ich will dich verrückt machen
und die sein,
die dich verführt.

Bin ich alles oder mehr für dich?
Denkst du morgens, abends
und den ganzen Tag an mich?
Vermisst du mich,
wenn du im Bett liegst,
und an wen denkst du zuerst,
wenn du morgens aufstehst?

Waldliebe

In einer Hütte,
irgendwo im Wald,
wir beide, zu zweit.
Weit weg von zu nah dran,
raus aus der Stadt,
wo uns keiner finden kann.
Ich finde, so hört sich der Höhepunkt
von wahrer Liebe an.

Anziehend ausziehen

Und jede Berührung von dir
brennt sich mir unter die Haut,
und ich krieg Gänsehaut,
denk ich an deine Lippen auf meinen
Lippen,
deine Haut auf meiner Haut,
zarte Küsse von mir
auf jeden Zentimeter deines Körpers
gehaucht.
Ich krieg das nicht mehr aus meinem
Kopf heraus,
wie schwer dein Atem wird,
ziehst du mich an
und wir uns aus.

Liebe machen

Ich hab kein' Sex,
ich mach nur noch Liebe.
Denn ich denk mir nicht:
„Geil, ich bin geil
und du bist geil,
komm, lass uns mal 'ne Nummer
schieben."
Sondern dass ich mich berühren lasse
von dem Menschen,
den ich liebe.
Und damit meine ich nicht,
dass du mich anfasst.
Ich leg' dir mein Herz und meine Seele
in deine Hand
und warte, was du damit machst.
Erinner mich noch morgen,
wie du deine linke Hand
auf meine rechte Schulter
gelegt hast
und langsam meinen Arm herunter
bis zu meinem Ringfinger
gewandert bist,
weil das jetzt 'ne unsichtbare Linie ist.
Und jeder Kuss ist ein kleiner Tanz
unserer Lippen,
die sich nach jedem Verschmelzen
wieder lösen

und doch nicht genug voneinander
kriegen.
Deine Zungenspitze schmeckt ganz süß
und in dem Moment,
in dem wir uns küssen,
fang ich schon an,
das wieder zu vermissen.

Und dann ist es letztendlich auch egal,
wo und wann und wie
und ob mal wild oder ganz zärtlich.
Das Wichtigste ist doch,
dass du weißt:
Ich liebe dich!

Hauptsache, ich hab dich

Ich will dir jeden Tag
„Ich liebe dich" sagen
und lieber nichts,
aber Hauptsache, dich haben.

Nichtssagende Wörter

Es gibt Dinge, die sollten wir nicht
einfach in irgendwelche Wörter stecken
und sie somit auf ein Minimum ihrer
eigentlichen Bedeutung begrenzen.
Klar könnte ich dir Bücher schreiben,
was du mit mir machst,
aber letztendlich hätte ich dann trotzdem
gar nichts gesagt.

Bedeutungslose Wörter

Ich steck meine Gefühle in komplizierte
Wörter,
weil ich es einfach nicht einfach erklären
kann.
Und selbst dann
kommt kein einziges Wort
auch nur ansatzweise,
auf irgendeine Art und Weise,
an meine Gefühle ran.

Geh nicht weg

Vielleicht hat dich mir jemand geschickt,
also bitte geh erst mal nicht mehr weg.
Denn mein Herz schlägt immer viel zu
schnell,
sobald ich an dich denk'
und es gibt nichts Schöneres für mich
als du, der mir seine Liebe schenkt.

Kontaktlos berühren

Der richtige Mann
fasst dich nicht an,
sondern berührt dich,
wenn er dich nur ansieht
und mit seinen Blicken auszieht.

Weißt du, wie hübsch du bist?

Hast du mal gesehen,
wie hübsch du bist,
wenn du einfach nur so dastehst,
dich noch nicht mal zu mir umdrehst
und einfach echt und du bist?
Und hast du mal gemerkt,
wie rot meine Wangen,
wie schüchtern mein Blick
und wie groß mein Lächeln wird,
wenn du einfach nur so dastehst,
einfach echt und du bist
und kurz mal zu mir rübersiehst?

Nicht schwer

Es war gar nicht so schwer,
dich in mein Herz zu schließen.
Du hast mich zum Lachen gebracht,
als ich weinen wollte,
und mich wunderschön genannt,
als ich mich unerträglich fand.

Schlaflos zum Himmel

Du sagtest, dass du schlaflos bist,
bis zu dem Tag, an dem ich wieder bei
dir bin.
Und dass ich dich näher zum Himmel
bring
und dass wir beide auf dem Weg sind,
nur nicht ganz wissen, wohin.

Geschichten auf dir

Das Unperfekte an dir,
das mag ich so sehr.
Und wenn man genau hinsieht,
kann man Geschichten auf deiner Haut
wie ein Buch lesen,
und Gefühle, die dir Angst machen,
in deinem Gesicht verschwinden sehen.

Vernunft bringt das Herz nicht zum Rasen

Nichts ergibt Sinn,
aber nichts ist sinnlos.
Nur ohne Sinn und Verstand
sinnlos nach einem Sinn suchen.
Wir sollten aufhören zu hinterfragen
und uns lieber fragen:
Wessen Arme sollen uns tragen
an diesen kalten Sommertagen?
Wir müssen aufhören, darauf zu hören,
was andere sagen,
denn Vernunft bringt das Herz nicht zum
Rasen
und das Glück nicht in seine
Hochphasen
und lässt mich nicht nach Luft
schnappen
und verhindert dunkle Nächte zu zweit
in zwielichtigen Seitenstraßen.

Gefühle komm' in Wellen

Die Gefühle komm' in Wellen,
manchmal ertrink ich.
Sicher bin ich nur an Land,
wo ich die Aussicht genießen kann.
Doch das Wasser sieht so schön aus,
als würde es mich halten wollen,
sich um mich schmiegen, mich tragen
und mir Geborgenheit geben,
so wie die Liebe auch.
Doch es ziehen Stürme auf,
ich treib auf's Meer hinaus
und da ist niemand, der mich rettet,
aber es sah doch so aus,
als würde das Meer mich tragen wollen,
genauso wie die Liebe auch.
Aber Gefühle komm' in Wellen
und manchmal ertrink ich.

Denn nach schönen Sommertagen
ziehen manchmal Stürme auf,
sodass der blaue Himmel
nur noch tausend Graustufen gleicht.

Dann wird aus Ruhe ein Wind
und daraus ein Orkan
und weil ich alleine genießen wollte,
gibt's niemanden, der mich retten kann.

Denn Gefühle komm' in Wellen,
manchmal ertrink ich.
So oft reißen sie mich mit,
nehmen mich ein
und umhüllen mich.
Aber manchmal muss man mit der
Strömung der Gefühle treiben,
um sich nicht beim Kampf dagegen
komplett selbst aufzugeben
und in den Wahnsinn getrieben zu
werden.
Denn wer sinkt und sich wehrt,
der sinkt erst recht.
Denn Gefühle komm' in Wellen
und manchmal ertrink ich.

Da sind so viele Gefühle in mir,
das Chaos überfordert mich.
Meine Gefühle komm' in Wellen
und manchmal hoff ich, ertrink ich.

Tu mir weh und lieb mich dann

Aber wenn du mir wehtun willst,
dann geb ich dir halt ein scharfes
Messer.
Tob dich aus,
aber mal kein Muster,
worauf ich mir was einbilde,
weil ich dafür keine Kraft hab.
Und egal, was du machst, du bist ein
Künstler
und machst aus mir ein weinendes
Kunstwerk.
Aber jeder Künstler liebt sein Werk,
also wieso machst du es genau
umgekehrt?

Abschied

Ich nehm deine Hand
und ich schau dich an.
Seh den Wind durch deine Haare wehen,
die kürzer als mein kleiner Finger sind.
Du siehst mich an.
Tränen fließen über meine Wangen,
als du sagst,
dass du dich geirrt hast,
als du mir gesagt hast,
wie du gefühlsmäßig so zu mir stehst.
Und ich ertrag es fast nicht,
dich so anzusehen,
so nah und doch ferner denn je
und dann lass ich deine Hand los.
Du sagst mir „Auf Wiedersehen",
gibst mir kurz Hoffnung,
dass wir uns irgendwann wieder
zu tief in unsere Augen sehen,
drehst dich aber um
und gehst.
Ich bleib noch stehen,
ob du dich vielleicht noch mal umdrehst,
aber du tust es nicht
und mir bleibt die Luft weg.

Sie, aber ich

Und ich weiß, du liegst da jetzt mit ihr.
Ich bin noch wach, es ist kurz vor vier.
Denn ich weiß, wenn sie sich umdreht,
drehen sich deine Gedanken nur um
mich,
und wenn sie morgen früh nach Hause
geht,
siehst du stundenlang nur mein Gesicht.

Die schönen Dinge

Warum tun die schönsten Dinge
immer am meisten weh?
Und das mit diesen Gefühlen
war noch mal wessen Idee?
Und vermiss ich die Sonne,
fällt auch schon der nächste Schnee.
Und warum sind es die Dinge, die Sinn
ergeben,
die ich am wenigsten versteh?
Weshalb siehst du so schön aus,
wenn der Wind um deine Haare weht?
Und warum schaust du weg,
wenn ich dir meine Liebe gesteh?
Wieso mag ich's, wie du gehst
und du dich noch mal zu mir umdrehst?
Und warum kannst du mir nicht sagen,
ob ich dich noch mal wiederseh?

Ich warte schon

Du solltest mir egal sein,
doch es geht nicht.
Weil ich weiß,
du bist bei ihr,
doch denkst nur an mich.
Und ich hoffe jeden Tag auf 'ne
Nachricht von dir,
aber will eigentlich gar nicht,
dass so was noch mal passiert.
Verlangen war schon immer stärker als
Vernunft.
Also, wenn du dich meldest,
ich warte hier schon.

Kapitel 7

Trust me I will save you

Ich weiß nicht, was es war,
was du an dir hattest,
was mir irgendwie sympathisch
und irgendwie auch unheimlich war.
Wie du da so lagst,
schwerst ungesund
grad' noch so am Leben warst.
Andere hätten einfach nur Mitleid
gehabt,
aber mich hast du fasziniert.
So jung, so hübsch, so krank,
du hast den Dichter in mir inspiriert,
aber wer hier wohl dicht war.
Und so wurde dein Gelb meine
Lieblingsfarbe
und ich verliebte mich in einen
Alkoholiker.

Der erste Versuch mit uns
ging ziemlich daneben.
Du warst zwar trocken
und ich fand dich ganz toll,
doch kaum wollt ich mehr von dir,
wolltest du sie heiraten
und ich war wieder abgeschrieben.
Ich war wohl nur das Trostpflaster,
dacht ich mir,

doch ziemlich schnell
'ne Nachricht von dir:
„Das war alles nichts,
sie ist wieder weg,
ich trink schon wieder,
sag, wann sehen wir uns wieder?"
Und 3 Monate später
erzählst du mir,
du magst mich ja wohl doch ganz gern,
mal sehen,
was aus dem Chaos
zwischen uns noch wird.
Und ich war wieder hin und weg von dir.

Denn ich sehe jede Menge bunte Farben
unter den Schatten unter deinen Augen,
weil du so fertig bist
vom ganzen Saufen.
Ich kann den Anblick nicht ertragen,
dich so leiden zu sehen,
und ich bete jeden Tag,
dass ich dich retten und dir helfen kann,
das alles heil zu überstehen.
Nimm meine Hand
und hab keine Angst.
Schau in mein Gesicht
und hör meiner Stimme zu,
wie sie leise zu dir sagt:
„Trust me I will save you."

Ich bin das Wasser,
das du trinkst,
wenn du wieder trocken bist.
Kein Wunder,
ich schmeck dir nicht.
Deswegen wär ich gerne eine deiner
Flaschen Korn
oder eine deiner Kippen,
mit derselben Wirkung auf dich
und immer nah an deinen Lippen.

Damit meine ich ganz einfach,
dass ich dich tröste,
wenn du traurig bist,
ich küsse jede Träne aus deinem Gesicht
und streichle deine Wange,
während du in meinem Arm liegst,
bis du eingeschlafen
und bisschen weniger verzweifelt bist.

Und wenn du aufwachst,
bin ich immer noch ganz nah bei dir,
damit du niemals denkst:
„Auch dieses Gefühl werd ich wieder
verlieren!"
Sei schwach bei mir!
Bei mir brauchst du keine Angst vor der
Welt zu haben.
Versprochen, ich bin immer ganz

zärtlich zu dir.
Also hör mir gut zu,
wenn ich dir ins Ohr flüster:
„Trust me I will save you."

Du fragst mich, was ist
und ich sag dir, ich bin da.
Du fragst mich, was sein wird
nach allem, was war,
und ich sag dir, ich weiß nicht,
was das Leben mit uns plant.
Und ich nehm deine Hand
in meine Hand,
nicht bereit,
dich aus der Hand zu geben.
Das Schicksal hat sich schon was dabei
gedacht,
unsere Wege dem anderen
in den Weg zu legen,
also lass uns den Weg gehen,
solange wir denselben sehen!
Soll die Welt doch untergehen,
denn du bist meine Neue.

Ich kümmer mich um dich,
aber was ist mit mir?
Sag, kümmert es dich,
wer die starke Schulter ist,
an die ich mich anlehnen kann,

wenn ich nicht mehr kann,
weil du nicht mehr kannst
und ich nichts tun außer zusehen kann?
Meine Sorgen und Probleme
mut ich dir nicht zu.
Ich bin die Starke von uns, für dich,
stets bemüht, ich vergess mich nicht,
doch das hab ich schon längst.
Du bist der Mittelpunkt
in meinem Leben geworden,
weil ich hoffe,
mit uns zwei kann's was Großes werden,
wenn ich mich nur genug anstrenge.
Vielleicht ein bisschen dämlich
oder einfach nur naiv,
und wenn mich jemand fragt,
wieso ich das alles mach,
dann sag ich:
„Tut mir leid,
aber ich bin einfach nur verliebt.
Ist mir egal, ob das vernünftig und
erwachsen ist."
Und wie oft ich wegen dir
bei Mama im Arm wein,
kriegst du sowieso nicht mit.
Diese Beziehung hier ist toxisch,
das weiß ich,
und toxisch heißt giftig,
aber ich trink das Gift

und frag mich dann,
warum's mir trotz Verliebtheit so
unfassbar schlecht geht.

Will was Besonderes für dich sein
und bin's wahrscheinlich gar nicht.
Bin insgeheim gar nicht die,
die in deinen Gedanken rumtanzt
und dir den Kopf verdreht hat,
sondern einfach nur die Blöde,
die halt immer da ist
und mit ihren Worten deine Seele stillt.
Die sofort springt,
wenn du wieder voll
und auf der Intensiv bist.
Selbst wenn,
ich ignorier das böse Bauchgefühl.
Brech ständig meine eigenen Regeln,
in der Hoffnung, es lohnt sich
und du siehst mich
in den krass schlechten Zeiten
an deiner Seite stehen und dich liebend.
Deine Hand haltend, um dir zu zeigen,
deine Sucht wird dich nicht ewig walten.
Und find doch erst mal eine,
die das alles mit dir mitmacht
und hier steht, weil sie ein Gedicht für
dich geschrieben hat,
in den Nächten,

in denen du sie schlaflos gemacht hast,
weil sie um dein Leben gebangt
und zu Gott gebetet hat.

Ich kann meine Finger nicht mehr von
dir lassen,
du fühlst dich so schön an.
Und ich hab Angst,
dass ich dich vielleicht nie wieder
anfassen kann,
wenn ich dich jetzt loslass,
nie wieder küss
und der letzte Kuss für mich zu kurz
war.
Dass du nicht noch mal spürst,
wie sehr ich dich begehr.
Von all meiner Liebe
verdienst du doch noch so viel mehr
und egal wie nah du bist,
ich brauch dich noch viel näher.

Doch wenn sich der süße Geruch deiner
Haut
mit dem scharfen Geruch
von dem Ammoniak in deinem Hirn
vermischt,
weiß ich,
dass es im Moment wieder schwierig
und deine Leber am Streiken ist.

Und egal, wie viele Weiber schon zu dir
gesagt haben,
sie lieben dich wirklich,
ich schwör dir bei Gott,
niemand tut es auch nur ansatzweise so
wie ich.
Mag sein,
sie haben dir alle ihr Herz gegeben,
aber was bringt dir ein Herz,
wenn du um's Überleben kämpfst?
Von mir würdest du ein Stück Leber
kriegen,
damit du leben kannst!
Also was bringt dir ein Herz,
wenn ich weiß,
was du wirklich brauchst?

Die Optionen sind absehbar.
Entweder alles wird gut,
für uns zwei vielleicht nur für ein halbes
Jahr,
oder du bist in ein paar Wochen einfach
nicht mehr da.
Und ich wünsch mir tatsächlich ein
Familienessen in 5 Jahren,
bei dem du sagst:
„Ohne sie und ihre Liebe wär ich jetzt
nicht mehr da,
denn sie war immer da

und hat mir das Gefühl gegeben
und mir immer gesagt:
„„Trust me I will save you.'"

Aber nimm bitte meine Hand.
Ich weiß, du hast Angst,
aber ich kann dir nicht helfen
und dein Anker sein,
sonst verlier ich mich selbst.
Pass auf dich auf!
Es tut mir leid,
aber bitte hör meiner Stimme zu,
wie sie leise zu dir sagt:
„Sorry I can't save you."

Wenn's die wahre Liebe ist

Wenn es die wahre Liebe wirklich gibt,
brauchen wir eigentlich keine Angst
davor zu haben,
denn wenn sie echt ist,
nimmt sie uns doch auch niemand mehr
weg,
egal, wie die Umstände auch sind.
Aber wann ist etwas „wahr"
und wann ist etwas „echt"?
Wann ist es wirklich Liebe
und wann ist es nur so ähnlich?
Und wie viel falsche Liebe
erträgt ein Herz,
bevor es vollends auseinanderbricht?

Wenn's die wahre Liebe ist,
dann ist es doch egal, wer es ist
und wie jemand ist,
solange die Gefühle
und alles dazwischen
echt ist.
Egal wie groß oder klein,
schwarz oder weiß,
dick oder dünn,
laut oder stumm,
in sich gekehrt oder extrovertiert,
Frau oder Mann,

auf das im Herzen kommt's doch an.
Eine Größe, die man weder messen
noch ausrechnen kann.

Wenn's die wahre Liebe ist,
dann ist es doch egal, wann es passiert,
wann es dich erwischt,
ob direkt beim ersten Versuch,
oder nach 2 Kindern und Ehebruch.
Ist doch egal, ob du
18, 30 oder 50 bist,
wer hat denn bitte gesagt,
für die wahre Liebe
ist es irgendwann zu früh oder zu spät?
Und vielleicht trennen einen
ein paar Jahre mehr oder weniger,
aber ein Lächeln im Gesicht
und das schnelle Herzklopfen
sagt doch so viel mehr darüber,
was da zwischen euch ist.
Als wann und wie und wo
in eurem Leben ihr euch trefft.

Denn wenn's die wahre Liebe ist,
dann gibt es kein Hindernis.
Weil das Ganze viel zu echt dafür ist,
als dass es sich zerstören lässt.
Und es ist doch egal,
wie oft ihr euch seht,

weil die Qualität eurer Zeit
viel mehr zählt,
als sich mindestens dreimal die Woche
zu sehen.
Und was bitte ist Geld wert?
Wie hoch ist der Stellenwert
von etwas, was vielleicht nur temporären
Wert hat,
in etwas, was für die Ewigkeit gedacht
ist?
Fahr mit Fahrrad, mit Bus oder mit
deinem dicken Auto
zu deinem Traummann oder deiner
Traumfrau,
und schau ihm oder ihr in die Augen,
und sag mir, was ist Geld wert,
wenn du etwas hast, was für die
Ewigkeit währt,
und dich nicht auf Geld reduziert,
also auch bei dir bleibt, wenn's vielleicht
finanziell auch mal eng wird
und dein Gesicht für immer mit einem
Zauber verziert?

Wenn's die wahre Liebe ist,
dann hört nicht hin,
was andere denken oder sagen,
weil sie neidisch sind
oder das Glück anderer nicht ertragen.

Es geht nur um euch,
und wie ihr euch gestaltet,
entwerft und wieder verwerft,
neu zusammenfindet,
weil die Zeit dann besser zu euch passt,
ist eure Sache.
Und kein Kilometer der Welt
kann Herzen trennen.
Ich sag nicht,
dass es einfach ist,
aber für wahre Liebe
ist wahrlich nichts unmöglich,
es ist bestimmt mal schwer erträglich,
weil so mancher Streit
endet nur schwer versöhnlich,
manche Distanzen sind zeitweilig so
schwierig
und manchmal komm' Gefühle in
Wellen,
und du denkst „manchmal ertrink ich!"
Aber wo Liebe ist,
da ist auch Land in Sicht,
und wo du fällst, da fängt sie dich.
Wo du Angst hast, ist sie da für dich,
und wo du sie vermisst, da findet sie
dich.

Vielleicht bist du grade frisch getrennt
und zweifelst an der Liebe,

oder du bist dabei dich zu verlieben,
aber hast Angst vor den Risiken,
die Liebe immer mit sich bringt.
Es tut mir leid,
es gibt keine Garantie,
weder für den Moment
noch für die Ewigkeit.
Aber gib der Liebe doch 'ne Chance,
und gib sie ihr auch immer wieder,
du weißt nie,
ob du sie vielleicht beim Vorbeigehen
verpasst,
nur weil du Angst hast,
oder weil das ein oder andere gerade
nicht passt
und du nur an „was, wenn nicht"
statt an „was, wenn doch" denkst,
während er oder sie schon vor dir sitzt,
aber du die Augen verschließt.

Lad DU sie zum Essen ein.
Schreib DU ihn endlich auf Instagram
an.
Trau DU dich endlich,
und küss sie ganz sinnlich
und DU sag ihm ENDLICH:
„Ich glaub, ich verlieb mich."
Was hast du zu verlieren?
Auch wenn's nicht klappt

und dein Herz davon einen kleinen
Kratzer hat,
dann war es nicht das Echte
und um die nächste Ecke
wartet die Liebe nur darauf,
dass du mit offenen Armen auf sie
zuläufst.

Denn wenn's die wahre Liebe ist,
dann gibt's kein Hindernis.
Weil das Ganze viel zu echt dafür ist,
als dass es sich zerstören lässt.
Kein Stress mit der Liebe.
Die Zeit läuft uns nicht weg,
denn wenn es echt ist,
haben wir ewig.

Lieber zukünftiger Ehemann,

vielleicht kennen wir uns ja schon,
vielleicht wohnst du irgendwann mal
nebenan
und klopfst eines Tages an meiner
Haustür an
und wir lernen uns kenn'.
Vielleicht liegst du auch gerade
bei einer anderen im Bett
und denkst,
dass ihr eines Tages heiraten werdet.
Vielleicht verlieben wir uns aber auch
schon bald,
verlieren uns erst in uns
und verlieren dann uns
für eine bestimmte Zeit,
bis wir uns wieder finden und
unzertrennlich sein werden.
Wer auch immer du mal sein wirst,
es gibt ein paar Dinge,
die ich dir gerne jetzt schon sagen
möchte,
damit du weißt,
worauf du dich einlässt.

Wenn ich mich erst mal in dich verliebt
hab,
dann wirst du mich auch erst mal nicht

mehr los.
Und es gibt eine Sache,
bei der du dir sicher sein kannst,
dass meine Gefühle echt sind.
Denn sobald ich die ersten Zeilen
nur für dich geschrieben hab,
weißt du, dass ich dich wirklich mag.
Und aus ein paar Zeilen
werden Strophen,
werden Texte,
wird vielleicht Material
für ein ganzes Buch,
damit, egal was das Schicksal mit uns
plant,
unsere Liebe immer irgendwie bestehen
wird.
Denn wenn ein Dichter in dich verliebt
ist,
dann sei dir sicher,
du bist unsterblich.
Und du wirst für immer, insgeheim,
die Quelle für die schönsten Texte sein.

Und bitte erzähl mir immer,
was dir gut gefällt.
Philosophier mit mir die ganze Nacht
über den Sinn in dieser Welt.
Sei der süße Kerl,
der grundsätzlich nur ein Getränk,

aber mit zwei Strohhalmen bestellt
und sich immer so verhält,
als sei ich die einzige Frau auf dieser
Welt.
Du machst mich glücklich,
wenn du Freunden und Familie
von mir erzählst
und ihnen mit einem Strahlen in den
Augen
unseren Chatverlauf
und mein Profilbild hinhältst.
Wenn du mir erzählst,
wie sie reagieren, wenn sie sehen,
wie du dich freust,
mich wiederzusehen.
Und wie du mich vermisst,
wenn es wieder Zeit ist,
nach Hause zu gehen.

Und du darfst ruhig vor mir rülpsen
und pupsen
und vor mir auf dem Klo sitzen,
während ich nebendran in der Dusche
unfassbar professionell am Singen bin.
Vor mir muss dir nichts peinlich sein,
es gibt keine Tabuthemen,
denn ich möchte Freundin, Frau
und bester Kumpel gleichzeitig sein.
Und es interessiert mich nicht,

ob du immer perfekt gestylt bist
– nichts gegen Outfits, die mich dazu
verleiten könnten, sie dir auszuziehen –
oder ob irgendwo ein Haar mehr oder
weniger ist,
weil ich davon ausgehe,
dass das nur in Situationen relevant sein
wird,
wo mir das am unwichtigsten ist.
Mein Humor ist außerdem manchmal
ziemlich bescheuert,
also sei mir bitte nicht böse,
wenn ich beim Sex anfange zu lachen,
weil ich einen Krampf im Bein hab,
ich meine Kuschelsocken immer noch
anhab
und mit dir wortwörtlich Spaß hab.

Und ich träum jetzt schon davon,
mit dir nachts in Seen zu springen,
den Mond auf unsere Haut scheinen zu
sehen,
unser Glück nicht fassend,
dass wir uns zufällig, gleichzeitig
ineinander verliebt haben.
Ich möchte mit dir mitten in der Nacht
in Unterwäsche zu unseren
Lieblingsliedern tanzen,
literweise Eis essen,

278

weil wir um Mitternacht nichts Besseres
zu tun haben.
Ich möchte für dich kochen,
wohlwissend, dass du schon vorher
heimlich Pizza bestellst,
weil's wieder nicht schmecken wird.
Und irgendwann im romantischen,
smartphonefreien Urlaub,
in einer Hütte an der Küste,
oder irgendwo im Wald,
den Ofen brennen lassen
und unter Nordlichtern mit dir Liebe
machen.
Danach nackt kuschelnd
Netflix gucken
oder die ganze Nacht Monopoly spielen
und kurz mal auf Kriegsfuß gehen,
weil du diesen scheiß letzten Bahnhof
kaufst
und ich schon wieder in den Knast gehen
muss.

Nenn mich zu romantisch und kitschig,
vielleicht sind meine Vorstellungen
von unserer Liebe
auch total unrealistisch.
Aber ich glaub daran,
dass es dich gibt,
irgendwo zwischen 8 Milliarden

Menschen
du jemanden suchst,
der genauso ist wie ich.

Und es kann plötzlich passieren,
dass ich plötzlich anfang zu weinen,
weil ich plötzlich denke,
da könnte noch eine andere sein,
die du viel hübscher findest
und die viel mehr Frau ist als ich.
Aber es tut mir nicht leid,
dass ich zum ersten Date kein
Kamasutrabuch mitbring
und auch nach 20-mal Sex noch sag:
„Schatz, lass es uns langsam angehen."
Denn so bin ich nun mal,
ich brauch viel mehr Liebe
und bin viel sensibler,
als du anfangs aufgrund meines großen
Mundwerks wahrscheinlich denken
magst.
Und wenn ich dir dann relativ am
Anfang sag,
dass ich aus Prinzip nur Liebe mach,
dann schau mich nicht verwirrt an,
sondern nimm mich schützend in den
Arm,
weil das ganz schön tiefe Gründe hat.

Und wenn du mal ganz unten,
schwer krank
oder einfach nur verzweifelt bist,
dann zähl auf mich!
Ich werd an deiner Seite sein
und auch wenn jeder geht,
lass ich dich niemals allein.
Denn meine Liebe ist stärker,
als ich es manchmal bin,
deswegen ist es egal,
wie schwer es mal wird,
wir kriegen alles gemeinsam hin.
Denn egal was das Problem ist,
es ist nicht du gegen mich,
sondern wir beide
gegen das,
was unserer Liebe grad im Wege steht.

Und sag mir nicht,
dass du mich liebst,
das will ich gar nicht hören.
Das sollst du mir nur in ruhigen
Momenten
sinnlich und zart ins Ohr flüstern.
Aber frag mich, wie's mir geht,
und frag mich, wie mein Tag war.
Sag, dass du dir Sorgen machst,
wenn ich alleine nach Hause fahr
und dass du mich vermisst,

bin ich drei Stunden nicht erreichbar.
Denn das ist so viel tiefgründiger
und bedeutet mir viel mehr,
weil das nicht nur zeigt,
dass du mich liebst,
sondern gleichzeitig auch wie sehr.

Küss mich in der großen
Menschenmenge,
damit jeder weiß, ich gehör zu dir.
Küss mich, wenn du nachts aufwachst,
damit ich weiß,
dass du auf mich aufpasst.

Küss mich, wenn du gehst,
dann weiß ich, du vermisst mich,
und bitte küss mich, wenn du kommst,
weil dann weiß ich, dass es echt ist.

Und ja, das mein ich zweideutig.

Liebe Grüße
Die Frau, die dich Gefühle fühlen lassen
wird,
die du nie wieder vergessen wirst.

Haut

Was hast du von Haut an Haut,
wenn es nicht noch tiefer geht?
Und jedes bisschen Augenkontakt
auch nicht mehr als das ist?
Wenn der, der vor dir steht,
dich nur mit seinen Augen sieht
und das, was Herzen sehen können,
einfach nicht versteht.

Was bringt dir Haut an Haut,
wenn es nicht unter die Haut geht?
Und was bringt dir eine Nacht,
wenn du tagsüber alleine bist?
Was hast du von Sekunden,
wenn danach alles vorbei ist?
Und was gibt dir Begierde,
wenn dein Herz doch gar nicht höher
schlägt?

Und selbst dann:
Was bringt dir ein schneller Herzschlag,
wenn eure Takte nicht dieselben sind
und jeder neue Hautkontakt
die Takte durcheinanderbringt
und du nachher nicht mehr weißt,
ob du deinen Takt noch kennst?
Doch es geht nicht nur um den Takt,

sondern um das ganze Lied.
Nicht um die gleichen Texte,
sondern um die Melodie,
die ihr nicht nur heute,
sondern euer ganzes Leben spielt.
Und die auch immer noch dann schön
klingt,
wenn die Takte mal daneben sind.

Was hast du von Haut an Haut,
wenn es nicht unter die Haut geht?
Und letztendlich deine Haut,
aber nicht dein Herz berührt wird?
Was nützt dir kurze Gänsehaut,
wenn du morgen nur noch frierst,
weil kurze Wärme immer geht,
nur Liebe bleibt bei dir.

Was bringt dir Haut an Haut,
wenn es nicht noch tiefer geht?
Und Minuten voller Schweigen,
wenn du bald vielleicht mal reden willst?
Was nützt dir nackte Haut,
wenn 'ne Umarmung dir g'rad mehr gibt
und wenn du morgen weinen musst,
nicht weißt, wer dich trösten wird.

Denn was hast du von zwei Händen,
die dich überall berühren,

aber nirgends auch mal länger bleiben,
um auch wirklich was zu spüren?
Die mehr flüchtig als ehrlich sind,
mehr kalt als herzlich warm,
und du dich morgen nicht erinnern
kannst,
wo eure Hände zuletzt war'n?
Wie jede Hand gewandert ist,
und wo sie es am liebsten mag?
Was hast du von zwei Händen,
die so schnell schon wieder gehen
und keine Wege voller Liebe
überall auf deiner Haut ziehen?
Die dich nicht an die Hand nehmen,
wenn du irgendwo alleine stehst,
schon morgen and're Körper sehen,
während du allein da liegst
und jeden Punkt vergessen,
der sich für dich gut anfühlt.

Was bringt dir Haut an Haut,
wenn es nicht unter die Haut geht?
Und kein Kuss auf deiner Haut,
auch wirklich bis zum Herzen geht?
Wo ist das Vertrauen,
wenn es nur um etwas Spaß geht?
Und wie setzt du Grenzen,
wenn es nicht wirklich um DICH geht?

Denn was bringt dir nackte Haut,
wenn deine Seele gar nicht nackt ist?
Du regelmäßig blank ziehst,
aber niemand wirklich DICH sieht?
All die Geschichten und Narben
versteckt in dir bleiben
und du, während du da liegst
gar nicht wirklich du bist.
Und was hast du von Nacktbildern,
wenn die Seele zum Körper gar nicht
interessiert?
Wenn jemand zwar bei dir ist,
dir aber gar nicht richtig zuhört?
Wenn jemand immer fordert,
aber nicht zu geben bereit ist
und schon lange weitergeht,
während du auf heißen Kohlen sitzt
und dir deinen süßen Arsch verbrennst,
für jemanden,
für den du nur das Abenteuer
zwischendurch bist.

Was nützt dir Verschmelzung,
wenn eure Herzen es nicht tun?
Und wie nah' kann man sich sein,
und wie entfernt sich trotzdem fühlen?
Was bedeutet ein „tief drin",
wenn nicht vom Herz gesprochen wird?
Und wie ineinander aufgehen,

wenn dessen Schönheit nicht verstanden
wird?

Was bringen dir zwei Zungen,
die sich ganz und gar entdecken,
aber überhaupt nicht wissen,
was sie alles tun könnten,
wenn sie sich besser kennen würden?
Die mehr gierig als zärtlich,
mehr fordernd als gebend sind.
Nicht auch mal innehalten,
weil man direkt wieder von vorn
beginnt.
Was bringen dir zwei Zungen,
die sich keine lieben Worte sprechen
und die Lust mit einem „Ich liebe dich"
nicht auch kurz mal unterbrechen.

Also was bringt dir Haut an Haut,
wenn alles auch dortbleibt?
Wo ist zwischen Lust und Spaß,
Zärtlichkeit und Sicherheit?
Trotz kurzer Verbindung
wird aus zwei Teilen keine Einheit,
und jeder schaut dich an,
wenn du sagst:
„Ich brauch noch mehr Zeit."

Niemand schreibt mehr Gedichte
auf den Körper des anderen.
Oder versucht die zu lesen,
die schon lange vor ei'm da waren.
Es geht nicht mehr um's Entdecken,
sondern drum, Ähnliches zu finden.
Ums um Höhepunkte kämpfen,
statt die Zeit zu zweit genießen.
Es geht darum, dass du kommst,
und nicht darum, dass du bleibst.
Niemand fragt noch, was du magst,
sondern „Wie lang hast du Zeit?".

Also was bringt dir Haut an Haut,
wenn es nicht unter die Haut geht?
Was bringt dir kurze Zweisamkeit,
wenn du morgen doch allein aufstehst?

Ich hab noch 1 Prozent Akku

Ich hab noch 1 Prozent Akku
und der Energiesparmodus ist immer
noch nicht an.
Ich mache 10 Dinge gleichzeitig,
es sind 5 Tabs offen
und mein Ladekabel finde ich auch
nicht,
aber das macht ja nichts,
denn ich funktioniere ja noch.

Ich hab noch 1 Prozent Akku
und der Energiesparmodus ist immer
noch nicht an.
Alles, was ich noch machen kann,
mach ich,
und auch, wenn mein Körper eigentlich
nicht mehr kann
und meine Seele schreit,
wird weitergemacht
und jedes Alarmsignal ignoriert,
ich hab keine Zeit, Pausen zu machen.
Pausen sind Schwäche
und schwach sein will ich nicht.
Dass alles ein bisschen langsamer ist,
ich vieles vergess
und alles eigentlich nur halbherzig
passiert

und ich geistig kaum mehr anwesend
bin,
merk ich nicht.
Bis plötzlich nichts mehr geht.

Ich sag Verabredungen ab,
die ich selber vorgeschlagen hab.
Hätte gerne Gesellschaft,
aber ertrag kaum meine eigene
Anwesenheit,
vermiss meine Freunde
und frag mich, wie lang sie das ertragen,
wie lange sie das mitmachen,
wie lange sie zusehen,
bis ich keine mehr hab,
weil ich einfach nicht mehr kann.
Ich denk lieber über die Sinnlosigkeit
meines Lebens nach
und wie es wäre,
wenn ich nicht mehr da wäre,
statt Zeit mit Menschen zu verbringen,
die mich lieben,
weil ich lebe,
und die nicht verstehen,
wieso für mich alles schwarz ist,
egal wie bunt meine Klamotten sind.

Ich bleib im Bett und ich bin müde,
egal wie viel ich schlafe,

ich bin nicht ausgeruht.
Duschen tu ich nur alle 5 Tage
und Zähne putz ich nur,
wenn's wirklich sein muss.
Trag seit Tagen dieselben Klamotten,
umziehen schaff ich einfach nicht,
und das Gewicht meiner endlosen
Traurigkeit
nagelt mich ans Bett
und einen Sinn darin aufzustehen
seh ich nicht.
Ich trinke und esse auch fast nichts,
Mama kocht für mich,
aber schmeißt es weg,
nicht mal Schokolade tröstet mich.
Und jeder Gedanke
wird in meinem Kopf dunkel angemalt,
dass ich gar nicht
„einfach mal positiv denken kann",
und wenn mir jemand sagt,
ich soll mich einfach zusammenreißen,
wein ich bitterlich.
Ich kann doch nichts dafür,
aber niemand versteht mich.

Gott sei Dank, denk ich,
aber manchmal wärs schon schön,
wenn es jemand verstehen würde,
denn ich tu es ja selbst nicht.

Manchmal wein ich auch einfach so
ohne ersichtlichen Grund,
wobei Depressionen
sind eigentlich Grund genug.
Jeder sagt mir, wie schön das Leben ist,
und ich lieg mit meinen zarten 19 Jahren
im Bett
und seh keine Farben in der Welt.
Und manchmal fehlt mir sogar die Kraft
zum Weinen.

Ich geh nicht zur Schule
und auf Arbeit bin ich krankgeschrieben,
ich fühl mich schlecht deswegen,
weil niemand sieht,
wie schlecht es mir geht,
und alle denken,
dass das nur in meinem Kopf ist.
Ich quetsch mich zwar durch,
aber ich bin nicht mehr die Beste.
Ich fall nicht mehr auf,
niemand fragt mehr, wie's mir geht,
weil auf meine Standardantwort
„muss ja"
hat keiner mehr Bock drauf.
Und das tut weh.

Hätte ich die Kraft,
wäre ich unfassbar wütend

und würde Dinge durch die Gegend
schmeißen,
weil ich nicht ich bin
und es so schrecklich ist,
mich selbst verschwinden zu sehen
und Ruhe vor der Welt zu suchen,
die so schwer ist,
dass ich es kaum aushalte.
Ich will doch einfach nur glücklich sein.
Dabei weiß ich, warum es mir jetzt so
geht,
wie's mir geht.
Mein Körper will mich schützen,
weshalb er die Notbremse zieht,
damit ich endlich mal 'ne Pause mach,
fragt mich, wieso ich so viel,
aber nie was mit Freunden mach,
und ob ich lach, weil ich glücklich bin
oder weil man das halt so macht.
Meine Therapeutin sagt,
ich soll dankbar sein,
dass mein Körper mir sagt,
wenn er kein' Bock mehr hat.
Aber wie soll ich dankbar sein,
wenn ich nicht mehr funktionier.
Mama guckt zu,
wie ihr Kind krepiert,
das immer glücklich und fleißig war,
so gut funktioniert hat,

und jetzt liegt es im Bett
und redet zu oft von zu schnellen Zügen
und komischen Tabletten.
Und Mama versteht nicht,
dass ich eigentlich gar nicht sterben will,
mein Akku ist einfach leer
und ich weiß nicht weiter,
nur so wie jetzt geht's mit mir nicht
mehr lang weiter.
Meine Ziele waren zwar immer groß,
aber immer auch greifbar
und nun sitz ich in einem Loch,
wo nicht mal eine Kerze brennt,
und ich weiß einfach nicht mehr weiter.

Hier gibt's auch keine Leiter,
und klettern könnt ich eh nicht,
hier will auch niemand runter,
und auch das versteh ich,
aber auch wenn ich so wirke,
als will ich nur allein sein,
bitte gebt mir eure Schultern,
denn manchmal will ich auch wein',
weil ich einfach nicht weiterweiß.
Seid mir bitte nicht böse,
wenn ich Abstand suche,
das liegt nicht an euch,
nur es geht halt grad nicht,
jeder Schritt ist anstrengend für mich,

und die Welt, wie ich sie sehe,
ertrage ich gerade nicht.

Sinn und Hoffnung
sind momentan Fremdwörter für mich,
und auch, wenn ich's nicht sehe,
zeigt mir ruhig, was es Gutes gibt,
damit ich's vor lauter Traurigkeit
nicht komplett vergess.
Und nur weil ich nicht rauswill
und auch einfach grad nicht kann,
geht ihr bitte raus
und genießt es, gesund zu sein.

U > ▲ ▼

Hat dich dein Leben schon mal gefragt,
was du dir wünschst, was passiert?
Meins hat mich nämlich noch nie gefragt
und sobald ich die Antwort auf
unlösbare Probleme habe,
ändert mein Leben einfach die Frage.
Denn ein Leben fragt nicht,
es wirft dir Sachen an den Kopf und
wartet.
Wartet, was passiert,
wie du reagierst,
wie viel du tragen kannst,
bis du das Gleichgewicht verlierst,
und wartet, ob du wieder aufstehst,
als wäre nie etwas passiert.

Denn das Leben ist die reinste
Achterbahnfahrt,
es geht ständig auf und ab
und es macht nicht immer Spaß.
Doch zwischen Adrenalin,
dem Kribbeln im Bauch
und den Tränen in den Augen
kann man's manchmal kaum glauben,
wie schön die Aussicht ganz oben ist
und wie schnell die Richtung dreht,
hat man sich gerade an's Gefühl

gewöhnt.

Aber hast du schon mal darüber
nachgedacht,
dass alles, was passiert,
einen Grund hat
und alles vielleicht einfach so sein muss,
wie es ist?
Betrachtet man die Dinge
nämlich aus einem anderen Blickwinkel,
ist alles nur noch halb so schlimm
und man findet vielleicht einen Sinn
darin.

Aber was sind die Gründe
für all das, was passiert?
Und wieso ist es das,
was Sinn macht,
was ich am wenigsten kapier?
Wieso hab ich solche Angst,
dass ich das verlier,
was mich berührt?
Und wann erklärt mir endlich jemand,
wie dieses Leben funktioniert?

Aber glaub mir, es ist okay,
wenn du das Leben ab und zu mal nicht
verstehst.
Du darfst nur nie das Ziel ändern,

lediglich den Weg.
Deswegen versprich mir,
dass auch, wenn der Wind zu stark in
deinem Kopf weht,
du dich selbst niemals aufgibst,
denn du bist doch so viel mehr
als das, was manchmal schiefgeht.

Und das Leben ist vielleicht gar nicht so
schlimm,
wie es immer tut.
Vielleicht will es dir beibringen,
dass du dir Buntstifte nimmst,
und wenn's dir grad zu grau ist,
malst du deine Welt halt bunt.

Und warum lässt du dich von den
Grenzen aufhalten, die du dir selbst
setzt?
Denn auch
wenn dir manches im Weg steht,
heißt das doch nicht,
dass es unmöglich ist
und deine Ziele unerreichbar sind.
Denn ich weiß, aus dir wird was werden,
denn ich glaub an dich und deine Stärken
und dass du kannst, wenn du willst,
du musst nur wollen und den Mut haben,

zu tun, was dir Spaß macht, und dann
wirst du jemand Großes werden.

Und du hast nichts zu verlieren,
wenn du es versuchst.
Im schlimmsten Falle lernst du was
und Lebenserfahrung ist ziemlich cool.
Ich weiß, das ist schwierig
und ja, ich versteh dich,
wenn du sagst, es ist fast unerträglich.
Aber egal, wie schlimm es sich mal
anfühlt,
ich kann dir garantieren,
dass immer alles gut wird.

Denn was nicht sein soll,
soll wohl so sein.
Aber ich verspreche dir,
jedes Gefühl geht vorbei
und wo heute eine Träne fällt,
ist morgen ein Raum mit Lachen gefüllt.
Und jedes Herz, das bricht,
wird auch wieder heilen.
Denn ich hab's selbst erlebt,
auch der schlimmste Schmerz,
der geht vorbei
und auch wenn's sich nicht so anfühlt:
Es ist jedes Mal so
und das weißt du.

Und nur weil mal was danebengeht,
bist du kein Versager.
Die Faktoren, die da 'ne Rolle spielen,
sind kaum alle abdeckbar.
Und wo du heute versagst,
bist du morgen ein Gewinner,
und woran du heute zweifelst,
bist du dir morgen total sicher.
Denn eins ist immer sicher:
Nach jeder Enttäuschung
wartet um die Ecke
eine neue Überraschung.

Wenn du gerade ganz unten bist,
den Sinn von allem nicht verstehst,
du taumelnd durch die Straßen rennst
und eine Antwort auf die Fragen suchst.
Dann denk an all die schönen Worte,
Momente, Orte, Augenblicke,
die jemand mit dir teilen wird,
wenn der Zeiger mal kurz anhält und dir
Zeit lässt,
solange es sein soll, wenn es so weit ist.
Bis dahin: Heb den Kopf hoch!
In ein paar Jahren, wenn du wieder
nachdenkst,
still und heimlich, ganz allein,
findest du den Grund für all das,
weil vielleicht soll es ja genauso sein.

Und da wartet ganz viel Großes,
du weißt nur noch nicht, was.
Halt die Augen offen und vertrau auf all
das,
was noch kommen wird.

Ich wünsch dir so viel Gutes,
du verdienst nur das Beste!
Und wenn du wieder denkst,
es geht nie mehr bergauf,
dann glaub mir, das tut es!

Und mit meinen Worten
geb ich dir vielleicht ein bisschen Mut,
allen zu beweisen, wie stark du bist
und dass Fallen kein Grund
zum Nicht-mehr-Aufstehen ist.
Und wenn du gerade in einem Loch sitzt,
dann schau wenigstens,
dass es dort schön beleuchtet ist,
denn du bist so viel größer
als das, was manchmal schiefgeht,
und Höhen und Tiefen sind halt das,
was man Leben nennt.

Ich bin jetzt 20

Ich bin jetzt 20 Jahre alt
und ich werde nie wieder 19 sein.
Jeder Tag ist mein einziger Versuch
und den Tag heute
erlebe ich nicht noch mal so.
Ich will gar nicht so tief
über das Leben nachdenken,
aber wie soll ich sonst rausfinden,
wer ich bin,
was mir wichtig ist,
und endlich mal zu schätzen lernen,
wie selten so ein Leben ist.
Aber dann denke ich mir:
Aber ich bin doch erst 20.
Und dann denke ich mir:
Aber ich werde nie wieder 19 sein.
Bei all diesen Gedanken
kommen die Zweifel doch von ganz
allein.

Ich bin jetzt 20
und so oft fühl ich mich nicht so.
Bin im Kopf eigentlich 11,
so ganz ohne Verantwortung.
Morgen bin ich dann 35
und verteile wertvolle Lebenserfahrung.
Doch letztendlich bin ich nichts davon.

Ich weiß nicht, wer ich bin,
und ich weiß nicht, wo ich steh.
Hab keine Ahnung, was ich will
und wohin ich als Nächstes geh.
Die Zeit rennt mir zu schnell
und doch bleibe ich nie stehen.
Werd mir viel zu schnell erwachsen,
denn ich weiß nicht, wie LEBEN geht.
Hab zwar mein Abitur,
aber google viel zu viel.
Hatte nie Lust auf Schule,
aber doch war das mein Ziel.
Jetzt soll ich mich entscheiden,
aber ich bin noch nicht bereit.
Es gibt so viele Möglichkeiten,
vielleicht mach ich was falsch.

Einerseits hab ich noch Zeit.
Alle sagen, ich bin jung.
Aber schaue ich dann mal zurück,
dann war ich gestern grad erst neun.
Habe draußen gespielt,
bis es dunkel war,
und bin wieder raus,
wenn die Schule aus war.
Hab Narben an den Knien
vom ganzen Draußen-Spielen,
als mein größtes Problem war,
wenn die Laternen ausgingen.

303

Es war mir egal, wie ich aussah.
Ich trug Sandalen mit Socken.
Damals war mir so egal,
was die anderen dachten.
Jetzt zähl ich jedes Haar,
dort, wo keines hingehört,
und hab Angst vor jedem Kilo,
was vielleicht zu viel sein wird.

Ich bin zwar endlich 20,
aber es fühlt sich nicht so an.
Dachte, mit 20 mag man sich,
aber der Weg dahin
ist doch sehr lang.
In einem Moment, da mag ich mich,
schau mich 'ne Stunde lang im Spiegel
an,
um dann zu merken,
dass ich mich doch gar nicht so gut
leiden kann.
Ich bin irgendwo dazwischen
und das ist das Problem.
Ich mach es noch nicht richtig,
obwohl ich weiß, wie's geht.
Ich hab die Theorie,
doch die Praxis ist, was fehlt.
Jeden Tag find ich mich anders.
Wer sagt mir, was ich glauben soll?

Und viel zu oft bin ich zu laut
und viel zu oft dann doch zu leise.
Sage Dinge, die ich denke,
aber doch gar nicht so meine.
Bin ich gut so, wie ich bin?
Oder kann ich mich nicht leiden?
Vielleicht bin ich doch perfekt,
nur halt auf meine Art und Weise.

Aber trotzdem bin ich 20
und habe so oft Angst,
ich pass hier gar nicht rein
und dass mich niemand mag.
Wer kann mir garantieren,
dass ich später glücklich bin?
Mit Haus und Mann und Garten
und dass ich morgens gern um 5 aufsteh?
Dass ich meinen Traumjob kriege
und diesen auch noch gut mach?
Dass ich genug Geld hab
und vielleicht 'ne fette Karre fahr?
Dass ich gute Freunde hab,
die bei mir bleiben,
auch mal ohne viel Kontakt?
Dass ich gesund bin und alt werde
und mich so liebe, wie ich bin?
Wer bitte kann mir garantieren,
dass alles gut sein wird?

Und auch, wenn ich jetzt 20 bin,
brauch ich meine Mama.
Will zwar immer alles alleine machen,
bin dann aber doch froh,
dass ich sie hab.
Im Zweifelsfall hat sie 'nen Rat
und wenn ich nicht drauf hör,
heißt's halt: „Ich habs dir ja gesagt."
Manchmal erklärt sie mir das Leben,
so wie sie's verstanden hat,
oder nimmt mir die Angst,
wenn sie mich wieder packt.
Mama hält immer Wache,
wenn ich wieder denk,
ich schaff's alleine,
und rollt mit den Augen,
wenn ich mal wieder übertreibe.
Aber ja doch, ich bin froh,
dass sie da ist,
wenn ich für den Moment,
dann doch wieder erst 13 bin.

Jetzt bin ich zwar endlich 20,
aber versteh immer noch nichts von
zwischenmenschlichen Beziehungen,
oder wie es sich anfühlt,
wenn Herzen sich berühren.
Von Liebe braucht mir niemand was
erzählen.

Entweder, ich hab es nie verstanden,
oder ich werd es nie verstehen.
Und irgendwo dazwischen
find ich Frauen zu oft zu schön
und denk mir:
Vielleicht hab ich's deswegen nie
verstanden,
weil ich eigentlich auf Frauen steh.
Aber wieso sollt ich mich entscheiden,
mit dem Finger auf Geschlechter zeigen?
Ich lieb einfach, wen ich will.
Und vielleicht war ich ja noch nie
verliebt
und weiß noch gar nicht,
wie's sich anfühlt.
Ich hab sowieso weniger Dates
und viel mehr Therapie.
Rede mehr über Probleme,
als dass ich sie versteh.
Deal aber mit Ratschlägen
wie damals noch mit Kaugummi.
Würd ich bloß selber mal drauf hören,
ich glaub, dann wüsst ich, wie es geht.

Aber auch, wenn ich morgen aufsteh
und die Welt noch immer nicht versteh.
So geh ich meinen und du deinen,
jeder seinen
und doch niemand den gleichen Weg.

Keiner weiß, wohin es geht
oder wo es dann mal endet.
Wie viel Zeit uns allen bleibt
und was ich alles finde.

Denn ich bin jetzt 20,
hab vom Leben keinen Plan
und es ist mir auch egal,
dass ich daran grad nichts ändern kann.
Denn ich bin erst 20,
kann noch entdecken und verstehen,
nicht auf jede meiner Fragen
werd ich eine Antwort kriegen.
Und es ist total okay,
dass ich manchmal noch nicht weiß,
was ich eigentlich will
und wer ich wirklich bin.
Was noch alles kommt
und wohin mein Weg mich bringt.

Lass dich mein Alles sein

Ich weiß noch genau,
du hast nur ganz kurz gelacht
und ich hab einen Moment nicht
aufgepasst und nachgedacht.
Und dann ist es passiert.
Du bist in meinem Kopf,
ohne dass du es weißt,
und läufst dort rum,
auf der Suche nach Liebe,
ohne zu wissen,
dass du von ihr umgeben bist.

Denn wenn du lachst,
strahlen deine Augen
und mein Herz hat eine Motivation zu
schlagen,
und wenn du traurig bist,
verlieren sie jeden Glanz
und mein Herz will all deine Lasten
tragen,
dich erlösen und dich retten,
nicht noch einen Schritt zu gehen
an jenen Klippen deiner Sorgen
dich an dic Hand nehmen und dir sagen:
„Ich bin da, wenn du mich brauchst."
Und brauchst du mich nicht,

dann brauch ich dich,
weil dein Herzschlag
seit unserer ersten Begegnung mein
Kompass ist.
Also sag mir nicht,
dass du mich nicht brauchst,
sondern nimm meine Hand
und lass uns zusammen springen.

Du bist die Zigarette,
die ich bis zum Filter rauchen würde,
nur um sicher zu gehen,
dass jeder Teil von dir
ein Teil von mir geworden ist,
den ich zum Atmen brauche
und die Blumen in meiner Lunge
wachsen lässt.

Und wärst du eine Flasche Wein,
wär ich wohl ein Alkoholiker,
der jeden Morgen von dir kostet,
als würde er den Geschmack nicht schon
längst kennen.
Ich würde jede Flasche aufheben,
mich von keiner trennen,
denn auch wenn's ja dieselben sind,
ich will alles von dir einfangen,
alles von dir kennen,
dich jeden Tag erleben,

als gäb es kein Ende
am Ende der Welt.
Und solltest du alleine sein,
bin ich dein treuer Weggefährte,
der immer zwischen deinem Kopf und
deinem Herz hin und her wandert,
um dir stets an den richtigen Stellen zu
helfen.
Und fühlst du dich einsam,
dann mach deine Augen zu.
Meine Hand wird auf deiner Schulter
liegen
und mein Kuss auf deiner Stirn ruhen,
als wär ich direkt neben dir.

Müsst ich dich vergleichen,
dann bist du manchmal Milchglas,
so undurchschaubar unberechenbar.
Ich meine zu wissen,
was du denkst, was du fühlst, wie's dir
geht und wer du bist,
um dann doch zu merken,
dass es eigentlich ganz anders ist.
Manchmal bist du auch ein
Schmetterling,
der seine eigenen Flügel
und seine eigene Schönheit nicht sieht
und so zerbrechlich zart sein kann,
fasst man dich an

oder kommt man zu nah an dich ran.
Keine Angst, ich tu dir nicht weh,
ich streck dir meine Hand,
setz dich nieder
und lass mich dich betrachten,
mit all deinen Farben, all deinen
Schatten.

Viel zu oft aber bist du mein
Wirbelsturm,
nimmst dir die frisch geordneten
Gedanken
und packst sie in die falschen Kisten
und machst noch ein paar neue Stapel.
Ständig sind die Tränen in Schublade
‚GUT GELAUNT‘
und der Hass im Schrank ‚LIEBE‘,
ehe das alles wieder sortiert ist,
kommst du wieder und machst neue
Kriege
in mir, mein geliebter Wirbelsturm,
der mich zerstören darf, jeden Fetzen
haben kann,
Hauptsache, du bist irgendwie,
irgendwo, um mich herum.

Und wärst du Essen,
dann wärst du meine Lieblingsspeise,
aber bitte erzähl's keinem,

denn eigentlich hab ich keine.
Es gäb dich zum Frühstück, Mittag,
Abendbrot,
ich würd nichts anderes mehr essen und
mich nur noch von dir nähren,
weil ich wüsst, du würd'st mich stärken
und auf mich wie Koffein
in Überdosis wirken.

Deine Stimme ist mein Lieblingslied,
magst du mir keine Geschichten
erzählen?
Ich lern sie alle auswendig und hör dir
zu,
bis ein neuer Tag anbricht.
Ich will den schönen und schlechten
Zeiten lauschen,
sag, kannst du mir versprechen,
dich mir zu erzählen,
auch all deine Schwächen,
die dich Mensch machen?
Lass mich dein Instrumental zu deinem
Lebenssong hören,
wie du klingst, wenn du lachst,
wenn du weinend auf dem Boden liegst,
wenn du schreist und keinen Ausweg
siehst,
lass mich dich in den Arm nehmen,

deine Tränen trocknen und dich wärmen.
Lass es raus und mich herein,
in dein Herz und da mein Haus bauen,
da würd ich so gerne länger bleiben.

Kannst du mich nicht einfach mit nach
Hause nehmen
und mir tief in meine Augen sehen,
mich langsam an dich ranziehen
und mit deinen Blicken ausziehen?
Lass uns einfach geschehen,
ineinander aufgehen,
oder willst du lieber alleine zu dir
gehen?
Sag, lässt du mich hier einfach stehen?
Wie sehr muss ich dich anflehen?
Ich muss unbedingt zu dir,
denn irgendwo zwischen deinem Leben
hab ich mich schon längst verloren.
Und ich würd mich echt gern
wiederfinden,
weil ich mich echt gern mag
und du mich mir bestimmt nicht
zurückbringen würdest,
falls du mich fändest.

Oder willst du mich suchen,

willst du mich finden,
soll ich dir verraten,
wo ich mich immer vor mir selbst
versteck?
Ich lauf nämlich immer vor mir selber
weg
und such mich dann;
spiel mit mir selber quasi Fangversteck.
Du findest mich in der Ecke eines
runden Raumes,
vielleicht schwimm ich auch im 8.
Weltmeer.
Schon auf dem 11. Kontinent gesucht?
Vielleicht bin ich auch schon längst
irgendwo in deinem Blut.

Läufst du vor mir weg,
schmeiß ich dir mein Herz hinterher,
in der Hoffnung, du fängst es,
und wenn du mit einem Messer kleine
Schnitte reinmachst,
machst du daraus Kunst,
auch wenn du es brichst.
Ich überlass dir meine zwei Herzhälften,
sehe mein Seelenblut auf deinen Händen
laufend und weiß,
du hast mich nun in deinen Poren,
ich bin ein Teil von dir

geworden
und wenn mein Herz wieder
angeschlossen ist,
wurde es zuletzt nur von dir angefasst,
berührt, geschnitzt,
zur Skulptur gemacht,
sag, sollen wir eine Kunstaustellung
machen?
Und zusammen über unsere gebrochenen
Herzen lachen?

Wärst du meine Kontrolle,
würde ich dich nie mehr verlieren.
Wärst du Geld, würde ich dich niemals
ausgeben.
Wärst du die Sonne, ich würde keine
Sonnenbrille tragen, lieber erblinden, als
dich nicht zu sehen.
Wärst du ein Faden,
würde ich dich um den Finger wickeln,
bis du mich siehst, wie ich dich sehe,
wie ich hier stehe, warte,
dass du mich wahrnimmst,
mich findest,
als mich, als die, die ich bin,
die dir so viel Liebe geben könnte,
bis du erstickst.

Lass mich dich berühren,
ohne dich anzufassen.
Lass mich dir Küsse auf die Haut
hauchen,
die du noch morgen spürst.
Lass mich dich so ansehen,
dass du überall nur meine Augen suchst.
Lass dich auf mich ein,
mach dich frei,
mein Herz ist dein,
lass mich dein Alles sein.

Und jetzt bitte komm
und tanz mit mir bis morgen früh.
Lass uns feiern und die Gläser heben:
Auf unsere Chance im nächsten Leben.

Ich bedanke mich bei allen Menschen, die in mein Leben gekommen, geblieben oder auch wieder gegangen sind. Ohne euch und die damit verbundenen Emotionen wäre dieses Buch gar nicht möglich gewesen.